Charly Graf mit Armin Himmelrath
Kämpfe für dein Leben

Charly Graf mit Armin Himmelrath

KÄMPFE FÜR DEIN LEBEN

DER BOXER UND DIE KINDER VOM WALDHOF

Patmos

Für die Schwabenverlag AG ist Nachhaltigkeit ein wichtiger Maßstab ihres Handelns. Wir achten daher auf den Einsatz umweltschonender Ressourcen und Materialien. Dieses Buch wurde auf FSC®-zertifiziertem Papier gedruckt. FSC (Forest Stewardship Council®) ist eine nicht staatliche, gemeinnützige Organisation, die sich für eine ökologische und sozial verantwortliche Nutzung der Wälder unserer Erde einsetzt.

Bibliografische Information der Deutschen Nationalbibliothek
Die Deutsche Nationalbibliothek verzeichnet diese Publikation in der Deutschen Nationalbibliografie; detaillierte bibliografische Daten sind im Internet über http://dnb.d-nb.de abrufbar.

Covermotiv: © Gudrun-Holde Ortner
Autorenfoto Umschlagklappe: © Patmos Verlag
Druck: GGP Media GmbH, Pößneck
Hergestellt in Deutschland

ISBN 978-3-8436-0015-6

INHALT

Für meinen ältesten Sohn Charly,
dem ich nie ein guter Vater war

SCHLAGKRÄFTIGE KINDER

»JETZT VOLL DRAUF. ZEIT!« Das ist mein Kommando. Ich muss das gar nicht laut sagen, nur ganz leise, fast flüsternd. Die acht Kinder und Jugendlichen, die gerade in der Sporthalle trainieren, reagieren trotzdem sofort. Mit dem Rücken zur Hallenmitte stehen Sergej und Lucy, Mel, Mike und die anderen an den Wänden und prügeln mit Boxhandschuhen auf die Mauern ein. Dreißig Sekunden lang lasse ich sie schlagen, dann reicht ein knappes »Okay«, und sie lassen erschöpft die Arme hängen. Durchatmen, Luft schnappen, schon geht es weiter: »Zeit!« Und wieder kämpfen sie mit all ihrer Kraft gegen die Wände, bis zum nächsten »Okay«. Am Ende sind sie fix und fertig. Und: stark.

Charly Graf ist Schwergewichtler, und das sieht man: das imposante Kreuz, die wachen Augen, die verhaltene Schnelligkeit, mit der er sich bewegt. Obwohl Charly sein fünfzigstes Lebensjahr längst hinter sich hat, sieht er immer noch aus wie einer, der täglich Hochleistungssport macht. Nicht mehr wie früher als Profiboxer, aber immer noch wie ein regelmäßiger Besucher eines Fitnessstudios. Im Neonlicht der Sporthalle fliegen auf sein Kommando hin die Fäuste: Boxen mit Jugendlichen steht hier auf dem Programm, eineinhalb Stunden lang. Die 30-Sekunden-Intervalle beim Boxen gegen die Wand oder den von der Hallendecke hängenden Sandsack wechseln sich ab mit Liegestützen, Schattenboxen, Seilspringen. Dann kommt eine Runde Sparring: immer zwei Kinder gegeneinander, eine Minute lang, unter Charlys aufmerksamem Blick. »Nicht in den Nacken hauen, auch nicht auf den Rücken«, ermahnt er einen der Jungen, der nicht aufhören will, als sich sein Gegner von ihm wegdreht. Sofort hören die Schläge auf, Charlys Regeln gelten hier wie ein unantastbares Gesetz.

Die Jugendlichen zwischen zwölf und achtzehn Jahren, die heute hier in der Sporthalle des Kinder- und Jugendheims St. Josef trainieren, haben schon den ganzen Tag auf mich gewartet. Normalerweise komme ich mit dem Bus Nr. 55 hier an, Haltestelle Käfertalschule. Die Linie führt auch an den Haltestellen »Neues Leben«, »Frohe Arbeit« und »Zäher Wille« vorbei – das sind die Straßen im Waldhof, wo ich groß geworden bin, nicht weit weg vom Kinderheim. Schon am Eingang des Heims warten die Kids auf mich, begrüßen mich mit Handschlag. Sie stehen um mich herum, andere kommen angerannt, wollen ein paar Worte mit mir wechseln. Ich glaube, für viele von ihnen bin ich eine Art großer Bruder oder Vater-Ersatz – und vielleicht ein Star. Es ist keine Selbstverständlichkeit, dass sie mir so vertrauen und mir so viel von sich erzählen. Aber ich nehme diese Kinder ernst, ich kenne dieses Leben, das viele von ihnen geführt haben. Die Kinder hier im Heim kommen aus zerrütteten Familien, und Gewalt haben sie fast alle erlebt, als Opfer und oft genug auch als Täter. So war das früher auch bei mir: Gewalt hat in meinem Leben lange eine große Rolle gespielt. Ich muss den Kids hier nichts vormachen, ich weiß, wie es bei ihnen zu Hause zugegangen ist. Da entsteht ganz schnell eine Verbindung, und viele von ihnen bewundern mich zunächst einmal: für mein Leben, die Zeit im Knast, meine Oberarme. Wenn ich es schaffe, sie runterzuholen von dieser Bewunderung und ihnen klarzumachen, was sie besser nicht tun sollten in ihrem Leben, dann ist das ein großer Erfolg. Denn in meinem Leben ist ziemlich viel schiefgelaufen. Und ich möchte es diesen Kindern hier ersparen, dass sie ihr Leben so verpfuschen, wie ich meins lange Jahre verpfuscht habe.

1851 wird das Heim gegründet, damals noch unter dem sperrigen Namen »Waisen- und Rettungsanstalt für herumstreunende Mädchen«. Das Haus ist die älteste bestehende Sozialeinrichtung Mannheims. Geführt wird es zunächst von einem Komitee sozial engagierter Männer und Frauen: Vom örtlichen Kunsthändler und seiner Gattin bis zum Arzt, von der Freifrau bis zum Stadtpfarrer, vom Lehrer bis zu den Damen der besseren Gesellschaft und zum Bürgermeister sind alle vertreten. Ehrenamtlich arbeiten sie an der Verwirklichung ihrer

Pläne. Zunächst können bis zu vierzig katholische Mädchen zwischen sechs und vierzehn Jahren aufgenommen werden, die in ihren Familien nicht mehr zurechtkommen. Die »Waisen- und Rettungsanstalt« versucht von Anfang an, den Kontakt zu den Angehörigen der Kinder aufrechtzuerhalten, gleichzeitig aber auch nachdrücklich dafür zu sorgen, dass die Mädchen ausreichende Distanz zu ihrem früheren Freundeskreis bekommen, dem generell ein schlechter Einfluss zugeschrieben wird. Zu Beginn des 20. Jahrhunderts wird das Haus mehrfach erweitert, so dass 1928 zum ersten Mal eine »Liege- und Spielhalle« eingeweiht werden kann. Sie wird 1943 bei einem Luftangriff zusammen mit weiteren Gebäudeteilen zerstört, trotzdem sind im notdürftig wieder hergerichteten Kinderheim unmittelbar nach Ende des Zweiten Weltkriegs bis zu 120 Kinder untergebracht – unter ihnen zahlreiche nichteheliche Kinder von US-amerikanischen Besatzungssoldaten. Seit dieser Zeit besteht zu den amerikanischen Truppen in Mannheim eine enge Beziehung, und die Soldaten helfen auch beim Wiederaufbau der Gebäude mit. Bis heute erhält das Heim immer mal wieder Anfragen nach dem Schicksal einzelner Kinder, die damals hier untergebracht waren. 1958 wird es in »Katholisches Kinderheim St. Josef« umbenannt und auch für Jungen geöffnet.

Dass ich mit meiner Hautfarbe, mit meiner Herkunft vom proletarischen Mannheimer Waldhof, als uneheliches US-Soldaten-Kind ausgerechnet hier im Heim mein wöchentliches Training anbiete, ist zwar Zufall – aber es passt: Ich arbeite hier ehrenamtlich, und auch ich war ein gesellschaftlicher Außenseiter und habe in meiner Kindheit schreckliche Dinge erlebt, die mein ganzes weiteres Leben geprägt haben. Ich weiß, wie es ist, wenn die eigene Familie keinen Halt mehr bietet, und wahrscheinlich bin ich deshalb von den Kindern hier im Heim so schnell angenommen und akzeptiert worden. Auch wenn ich natürlich viel älter bin und aus einer ganz anderen Generation komme, gehöre ich doch immer noch irgendwie zu ihnen, zu denen, die so oft als Verlierer bezeichnet werden. Mein Ziel ist ganz klar: Ich will diesen Kindern zeigen, dass ein besseres Leben möglich ist – wenn sie daran glauben. Wenn sie sich mit sich selber beschäftigen und wenn sie lernen, Regeln zu akzeptieren. Wenn sie sich auf ihre Stärken verlassen und auf die Werte, die ich ihnen vermitteln kann. Ich will diese Kinder zu Gewinnern machen.

Das klingt vielleicht nach einem großen, anspruchsvollen Plan. Aber auch große Pläne beginnen mit einem ersten Schritt, und das Beste ist: Der Plan funktioniert. Die Kinder im St. Josef-Heim, schreibt die Heimleitung in ihrem Erziehungskonzept, können »momentan oder dauerhaft nicht in ihrer Herkunftsfamilie leben. Die Ursachen hierfür sind häufig vielfältig, zum Beispiel können physische und psychische Vernachlässigung, körperliche und seelische Gewalt, sexueller Missbrauch und Suchtproblematiken der Eltern eine Rolle spielen. Diese jungen Menschen zeigen in vielen Fällen starke Verhaltensauffälligkeiten, wie zum Beispiel überdurchschnittliche Ängstlichkeit, aggressives Verhalten, Beziehungs- und Bindungsunfähigkeit, wesentlich vermindertes Selbstwertgefühl und Schulverweigerungshaltung, die ein hohes Maß an pädagogisch-psychologischer Hilfe und Betreuung erfordern.« Das klingt, gelehrt ausgedrückt, nach großen pädagogischen Schwierigkeiten, vor denen die Erzieherinnen und Erzieher, die Sozialpädagogen und Psychologinnen stehen können. Doch diese potenziellen Probleme können mich nicht abschrecken: Ich komme jede Woche wieder gerne hier in die Sporthalle.

Und weiter geht's: »Zehn Sit-ups«, sage ich, und die Kinder und Jugendlichen legen los. Längst läuft ihnen der Schweiß über die Gesichter, immer wieder nutzen sie die kurzen Pausen, um einen Schluck Wasser zu trinken. Ein Fünfzehnjähriger, der zu Beginn der Einheit noch ganz fahrig war und unruhig durch die Halle hin- und hergerannt ist, hat jetzt die Augen geschlossen und hebt Beine und Oberkörper immer wieder nach oben, mit ganz verbissenem Gesichtsausdruck. Zwanzig oder dreißig Minuten reichen, um ihn zu verändern und auf seinen wahren Charakter zurückzuführen. Jetzt muss er nicht mehr cool sein – stattdessen wird er zum Kämpfer, der bis an seine Grenzen geht. Und zwar, weil er es selber will. Und nach dem Training hält das auch noch eine ganze Weile an, erzählen die Erzieherinnen und Erzieher immer wieder. Deshalb sind sie auch so froh, dass ich jede Woche hier ins Heim komme.

Für mich ist das an diesem Donnerstag schon der dritte Kurs, den ich leite. Vormittags war ich an zwei Schulen, unter anderem an der Mannheimer Johannes-Kepler-Ganztagshauptschule. Schwierige Jungs und Mädchen gehen auf diese Schule, viele von ihnen haben schon ganz schön viel ausgefressen, aber eigentlich sind sie auch ganz liebe Kinder und echte Persönlichkeiten. Einer zum Beispiel, Aldin, wollte unbedingt beim Anti-Aggressionstraining dabei sein. Nur waren die Plätze leider schon alle belegt, und das hat der Lehrer ihm auch gesagt. Da hat Aldin ganz pfiffig reagiert: Er ist zur Rektorin der Schule gegangen und hat sie ganz höflich und zivilisiert gefragt, ob er jetzt erst aggressiv werden und um sich schlagen müsse, damit er teilnehmen darf – und da hat sie ihn doch noch mit in den Kurs geschickt. Das gefällt mir wirklich, wenn die Kinder so schlau reagieren. Und sie tun das ja, obwohl sie wissen, dass das Training kein Spaziergang ist. Wer da etwas erreichen will, muss sich quälen, muss seine Grenzen austesten und darüber hinausgehen. Das ist mehr als nur zusätzlicher Sportunterricht – das ist richtig hart. Was sie hier lernen – dass sie sich überwinden und Leistung zeigen müssen, um ihre Ziele zu erreichen –, das können sie auch in andere Unterrichtsfächer mitnehmen, und das brauchen sie in ihrem ganzen weiteren Leben. Natürlich träumen sie davon, selber mal Box-Champion zu werden und Meisterschaften zu gewinnen. Aber nebenbei lernen sie etwas ganz anderes: dass es Regeln gibt, die man auch unter Stress einhalten muss. Dass man immer mal was einstecken kann und muss und trotzdem nicht ausrastet. Dass man, wenn man auf dem Boden liegt, wieder aufsteht und weiterkämpft. Manchmal zu verlieren ist keine Schande. Aber man darf sich niemals aufgeben oder außerhalb der Regeln stellen. Man kann es schaffen, wenn man an sich glaubt – und das gibt ein unglaubliches Selbstwertgefühl, das einem beim nächsten Mal wieder hilft.

Was mich besonders freut, ist, dass ich mit meinem Training nicht nur die harten Jungs erreiche. An der Hildaschule habe ich zum Beispiel eine Boxgruppe mit jungen Türkinnen aufgebaut. Die sind in der neunten Klasse, ein schwieriges Alter, und am Anfang konnte ich die Mädchen nicht dazu bewegen, mich zu schlagen oder zu boxen. Die waren einfach viel zu zurückhaltend, ganz anders als deutsche Mädchen. Aber irgendwann hat es dann bei ihnen »klick« gemacht, sie haben Selbstvertrauen gewonnen, haben gemerkt, wie viel Spaß das macht, und mittlerweile versuchen sie schon, mich richtig zu verhauen. Da muss ich manchmal schon einiges einstecken – aber das soll ja auch so sein. Und das Beste: Die türkischen Familien akzeptieren das völlig, dass ihre Töchter beim Boxen mitmachen. Das freut mich ganz besonders.

Für das Ende des Trainings habe ich ein Ritual entwickelt. Das führe ich immer durch, auch heute hier im Kinderheim. Alle Kinder sollen sich irgendwo auf dem Boden einen Platz suchen und sich hinlegen. Dann schalte ich eine Minute lang das Licht aus. Ganz ruhig liegen sie in der Dunkelheit der Halle, niemand sagt etwas. Am Anfang hört man noch das Keuchen nach den anstrengenden Übungen, bis der Atem dann langsam ruhiger wird. Im Dunkeln gehe ich ganz langsam und leise zwischen den Kindern hin und her. Dann gebe ich ihnen etwas mit, das ich vor vielen, vielen Jahren im Gefängnis gelernt und nie wieder vergessen habe: »Ich bin konzentriert und kämpferisch, glücklich und erfolgreich! Ich bin konzentriert und kämpferisch, glücklich und erfolgreich!« Das ist meine Losung, mein Mantra, meine Lebensweisheit. Ich will, dass sie verstehen, was das heißt, und dass sie diese Losung in ihrem Kopf haben. Irgendwann mache ich dann das Licht wieder an, die Neonlampen holen die Kinder in die Wirklichkeit zurück. Zum Abschluss sage ich ihnen noch: »Immer fest dran glauben, Jungs und Mädels!«, und ich merke, dass sie das alle sehr genau registriert haben. Denn ich weiß, wovon ich rede.

AUFWACHSEN IN DEN BENZ-BARACKEN

GEBOREN WURDE ICH am 16. November 1951 in Mannheim. Eigentlich muss man sagen: im Waldhof, denn wenn ich »Mannheim« sage, klingt das noch viel zu normal. Der Waldhof war damals ein Viertel, das in der Stadt immer schon einen ziemlich schlechten Ruf hatte – und für viele ist das bis heute so geblieben. Auch innerhalb dieses Viertels gab es noch einmal bessere und schlechtere Straßen – und ganz unten standen die Benz-Baracken. Die wurden so genannt wegen der Nähe zur Autofabrik, und in den Fünfzigerjahren war diese Siedlung nicht mehr als ein schnell und billig errichtetes Auffanglager für Obdachlose und Gestrandete, für zerbrochene Familien, für innerlich zerstörte Menschen, die in den Kriegswirren ein paar Jahre zuvor ihre Wohnungen verloren hatten und nicht mehr wussten, wo sie noch hingehen und was sie mit ihrem Leben noch anfangen sollten. Anders gesagt: Hier lebte der Abschaum der Gesellschaft, die, mit denen niemand etwas zu tun haben wollte, die »Asozialen«. Die Straßen allerdings trugen schon damals Namen, die nach etwas ganz Anderem klangen. Etwas, das mit dem täglichen Leben im Waldhof überhaupt nichts zu tun hatte: »Guter Fortschritt«, »Lichte Zeile«, »Starke Hoffnung«, »Eigene Scholle«, »Frohe Zuversicht«, »Zäher Wille«, »Große Ausdauer« – und eben »Neues Leben«, der Weg, der mein Zuhause war. Auf der einen Seite das Elend der Baracken und auf der anderen Seite diese Straßennamen – heute kann ich nur den Kopf schütteln über den Zynismus der Leute, die sich das ausgedacht haben.

1951, im Jahr von Charlys Geburt, liegt der durchschnittliche Brutto-Monatsverdienst in der Bundesrepublik Deutschland bei umgerechnet 152 Euro im Monat – wobei Männer mit 169 Euro deutlich mehr verdienen als Frauen, die ein Durchschnittseinkommen von 93 Euro bekommen und damit – bei einer Wochenarbeitszeit von 50 Stunden –

einen Stundenlohn von gerade einmal 82 Pfennigen erzielen.
Vergleicht man dieses magere Einkommen mit dem Durchschnitts-
lohn des Jahres 2005, dann verdienen Frauen damals ganze 3,09
Prozent des heutigen Durchschnittseinkommens – und das, obwohl
die Lebenshaltungskosten seither nur um das Vierfache gestiegen
sind. Anders gesagt: Verglichen mit heute ist es für eine alleinste-
hende Mutter wie Elisabeth Graf 1951 achtmal so teuer, den Lebens-
unterhalt für sich und ihren kleinen Jungen zu bestreiten.

Seit ich mich zurückerinnern kann, waren unser Leben und meine
ganze Kindheit immer von großer Armut bestimmt. Als Kind war das
für mich nicht so dramatisch, weil ich ja gar nichts anderes kannte.
Die meisten um uns herum, auch meine Freunde, lebten in genauso
armen Verhältnissen und hatten ebenfalls ständig Geldsorgen. Das
war für mich damals ganz normal. Trotzdem hatte ich schon immer
das Gefühl, es noch ein bisschen schwerer als die anderen zu haben:
Die hatten wenigstens einen Vater, manche jedenfalls. Und die hatten auch nicht unbedingt eine Mutter, die Alkoholikerin war. Meine
Mutter ging zwar regelmäßig zur Arbeit in die Mannheimer Schokoladenfabrik Schokinag und hat das auch ihr ganzes Leben lang gemacht. Aber für mich blieben nicht viel Zeit und Liebe übrig. Ich
musste einfach funktionieren, eine andere Wahl hatte ich gar nicht.
Wenn meine Mutter zum Beispiel einkaufen ging, dann musste ich
mich ruhig an unseren Tisch setzen und durfte mich nicht bewegen – so lange, bis sie dann irgendwann später wiederkam. Ich saß
dann noch in genau derselben Position dort wie vorher und hatte die
ganze Zeit über auf die vergilbte Gardine vor dem Fenster und die
kahle Wand daneben geschaut. Das waren trostlose Stunden. Und
als ich in die Schule kam, hat mir meine Mutter ein einziges Mal –
am ersten Tag – den Schulweg gezeigt. Danach musste ich mich selber zurechtfinden. Sie hat später mal erzählt, dass sie mich dadurch
zur Selbständigkeit erziehen wollte, weil sie das unheimlich wichtig
fand. Nein, eine schöne Kindheit mit viel Liebe hatte ich nicht.

1955 berichtet das Deutsche Fernsehen in einer Reportage über die
unehelich geborenen Kinder der nach Deutschland gekommenen US-

Soldaten. Wörtlich heißt es in dem Film zu Bildern aus den Mannheimer Benz-Baracken: »Hier in dieser Siedlung leben unsere Toxies. Eine Siedlung am Rande der Großstadt, irgendwo in der Bundesrepublik. Es gibt rund 4000 Kinder amerikanischer Negersoldaten und deutscher Mütter, und die meisten von ihnen leben so, in diesem Milieu. Die Siedlung ist eingekreist von Industriewerken und amerikanischen Kasernen. Etwa 2000 Menschen wohnen hier, am Rande des deutschen Wirtschaftswunders, darunter zwölf Mütter mit ihren unehelichen farbigen Kindern. Die meisten Väter sind heute nicht mehr in Deutschland. Die Mütter sind geblieben. Und die Kinder.« Unterlegt sind diese Sätze mit Schwarz-Weiß-Bildern von desolaten Gebäuden, die die Bezeichnung Baracke gar nicht mehr verdienen, und mit Aufnahmen von Kindern, die mit traurigen Augen zwischen Abfällen und Autowracks, zwischen Holzverschlägen und riesigen Pfützen auf den nicht asphaltierten Straßen spielen. Dann wechselt das Bild und Neonreklamen von Nachtbars werden gezeigt: »Rote Mühle«, »Tusculum«, »Tanz-Café Karl Theodor«, »Schwanengold«. Während man tanzende Paare sieht, die sich zu Jazz- und Swingmusik amüsieren, berichtet der Sprecher: »Viele Lokale leben vom Besuch der amerikanischen Negersoldaten. Die Jukebox ist natürlich unentbehrlich. Alkohol und scharfe Rhythmen bringen die Negersoldaten schnell in Stimmung und erleichtern so manchen Annäherungsversuch.« An dieser Stelle senkt der Reporter seine Stimme und sein Tonfall wird eindringlich: »Man verbrüdert sich, und vielleicht ... vielleicht sieht man sich bald wieder. So kommt man und so geht man. Was bleibt, sind oft die schwarzen Babys.« Auch Charlys Mutter Elisabeth taucht als Interviewpartnerin in diesem Film auf: Mit dem vier Jahre alten Charly auf dem Schoß berichtet sie, dass der Vater des Jungen keinen Unterhalt zahle und sie von 103 Mark Fürsorge im Monat leben müsse. Dann folgen eindringliche Passagen:
»Als Mutter müssen Sie sich doch sicher Gedanken machen – was soll aus Ihrem Sohn einmal werden. Was haben Sie so für Vorstellungen?«, fragt der Reporter.
Elisabeth schweigt.
»Wollen Sie wieder heiraten? Oder wollen Sie das Kind hergeben, dass es adoptiert wird?«

Sie hebt den Blick. »Ich hätte schon ein paar Mal heiraten können, aber da hätte ich jedes Mal mein Kind hergeben müssen«, sagt sie mit unverkennbarem Mannheimer Dialekt. Und: Mit Zuneigung in der Stimme, Zuneigung zu Charly.
»Sie hätten immer das Kind weggeben müssen?«
Elisabeth nickt: »Das Kind war immer im Weg.«
»Und Sie wollen das Kind nicht hergeben?«
»Nein!«, sagt Elisabeth ganz entschieden.
»Aber vielleicht ginge es dem Kind woanders besser? Sagen wir, es würde adoptiert werden.«
»Nein, das kann ich schon selber.«
»Das wollen Sie nicht?«
»Nein.«
»Auf keinen Fall?«, bohrt der Interviewer weiter. Elisabeth schüttelt kurz und vehement den Kopf.

Das, was ich bei meiner Mutter in dieser Filmsequenz an Liebe und Zuneigung zu mir spüre, habe ich im alltäglichen Leben nie erfahren. Unsere Beziehung bestand eher aus einem großes Schweigen. Geredet wurde nur das Nötigste, und das war bis ins hohe Alter meiner Mutter so. Da haben wir uns manchmal mehrmals in der Woche gesehen. Ich habe sie immer besucht, aber geredet – geredet haben wir nicht. Sie lag auf dem Sofa herum, der Wohnzimmertisch war voller Flaschen und Medikamente. Früher hat sie immer eine Kittelschürze getragen, später dann oft nur einen alten Bademantel über dem Nachthemd. Dann saß ich da auf dem Sessel, sie saß oder lag auf dem Sofa, und wir haben stundenlang nichts gesagt. Wenn uns jemand gesehen hätte, der hätte sich bestimmt gefragt: Warum hockt der Kerl da in dieser unordentlichen Bude bei der alten Frau rum? Warum geht der nicht einfach weg? Aber so war das halt: Ich war dann einfach nur da, bei ihr, meiner Mutter. Sie hat mir nie erzählt, wo sie eigentlich herkam, nichts über meine Großeltern, auch nichts über meinen Vater. Das Einzige, was ich wusste, war, dass sie meine Mutter ist. Sie war die einzige Person, zu der ich gehörte und die zu mir gehörte. Das war mir immer wichtig.
Jeden Mittwoch gab es in der Schokoladenfabrik die Lohntüten.

Meine Mutter kam dann regelmäßig betrunken nach Hause, und normalerweise hatte sie dann auch irgendwelche Männerbekanntschaften dabei, die ebenfalls nicht mehr nüchtern waren. Deshalb war jeder Mittwoch für mich ein Tag des Grauens. Während meine Mutter mit einem dieser Männer dann lautstark Sex hatte, musste ich mich in unserer Ein-Zimmer-Baracke hinter einem Vorhang verstecken und durfte mich nicht bewegen, bis sie fertig waren und der Mann gegangen war. Natürlich bekam ich da hinter meinem Vorhang alles mit. Einmal brachte meine Mutter gleich mehrere Männer mit. Da war ich gerade sechs Jahre alt, und ich wusste überhaupt nicht, was da passierte. Meine Mutter schrie und stöhnte so seltsam, und da habe ich Angst bekommen, dass ihr irgendwas angetan wird, und bin aus meinem Versteck hinter dem Vorhang rausgekommen, habe angefangen zu schreien und auf die bösen Männer einzuschlagen. Ich wusste nicht, was ich sonst tun sollte, ich wollte meine Mutter doch beschützen. Da hat mich einer dieser Typen gepackt und verprügelt, und dann hat er mich brutal und mit aller Kraft in die Ecke gegen die Wand geschleudert. Die ganze Nacht habe ich mit gebrochenem Arm dort gehockt und mich nicht mehr getraut, auch nur eine kleine Bewegung zu machen. Ich hatte wahnsinnige Angst, dass er mir den anderen Arm auch noch bricht.

Geschlagen worden bin ich ziemlich oft, ganz häufig auch von diesen Männern, den Bekanntschaften meiner Mutter. Schmerzen habe ich damals eigentlich nicht empfunden. Aber eine riesengroße Scham – und den brennenden Wunsch, irgendwann zurückzuschlagen. So gesehen war es eigentlich ganz logisch, dass ich mit sieben Jahren zum ersten Mal zum Boxverein bei uns im Viertel mitgegangen bin. Für mich war es immer völlig klar, dass Boxen meine Sportart ist. Wahrscheinlich habe ich damals schon irgendwie geahnt, dass das die einzige Möglichkeit für mich war, unserer kleinen, schäbigen Ein-Zimmer-Baracke zu entkommen. Bis ich sechzehn war, habe ich auf dem Sofa in der Küchenecke geschlafen. Ein eigenes Bett hatte ich ja nicht, das wäre für mich damals absoluter Luxus gewesen, und so habe ich mir abends immer das Sofa fertiggemacht. Viel mehr hatten wir auch gar nicht: den alten Küchentisch und zwei, drei Stühle, das Bett meiner Mutter, einen Schrank und ein paar Regale.

Es war alles sehr eng, und so etwas wie Privatsphäre konnte man sich in dieser Baracke überhaupt nicht aufbauen. Auch ein eigenes Bad hatten wir natürlich nicht, nur eine Gemeinschaftstoilette für alle Bewohner der Barackensiedlung. Da mussten sich also siebzig oder achtzig Personen die Toiletten und die Waschbecken teilen: fünf Klos für achtzig Personen, dazu eine einzige Badewanne – für mich war das damals normal, und es machte mir nichts aus, dass ich nachts, wenn ich rausmusste, zu dieser Gemeinschaftstoilette laufen musste. Das machten eben alle so.

Aber ich wusste natürlich auch, dass es andere Leute gab, die ein besseres Leben führten. Die Benz-Baracken waren nur durch einen schmalen Grünstreifen von einer kleinen Eigenheimsiedlung getrennt. Das war nichts Herausragendes, und da wohnten auch keine reichen Villenbesitzer, sondern nur kleine Leute, die eben ihr Reihenhaus abstotterten. Aber wir Barackler waren ja in absoluter Armut aufgewachsen, und da sah es für uns so aus, als wären die Besitzer dieser einfachen Häuser unermesslich reich. Die Kinder aus dieser Siedlung mussten auf ihrem Weg zur Schule durch unser Viertel – und das haben wir natürlich ausgenutzt. Als ich sieben Jahre alt war, guckte ich mir einen dieser Jungs aus. Ich dachte ja, der käme aus einer reichen Familie, und hatte überhaupt kein schlechtes Gewissen, ihn von da an jeden Morgen abzupassen und ihm ein Angebot zu machen, dass er – ganz wie bei der Mafia – nicht ablehnen konnte: »Gib mir dein Frühstück, dann kommst du ohne Prügel durch die Benz-Baracken.« Der Junge hieß Rainer Spagerer, und er hat sehr schnell verstanden, dass es für ihn keinen Ausweg gab. Seine Mutter hat ihm dann immer zwei Frühstücksbrote mitgegeben, weil sie wusste, dass ich ihrem Sohn eins davon abnehmen und selber essen würde. Im Gegenzug gab es dafür den versprochenen Geleitschutz durch unser Barackenviertel.

Hinter der Baracke, in der ich mit meiner Mutter lebte, hatte ich mir schon als Kind eine kleine Hütte gebaut. Dort habe ich all das aufbewahrt, was mir wichtig war und was für mich in diesen Jahren einen Wert hatte, auch später als Jugendlicher noch. Das waren vor allem Blechbüchsen, die ich immer gesammelt und in einen Sack gestopft habe. Jedes Mal, wenn der Sack voll war, habe ich ihn zum Schrotthändler gebracht. Eine Mark gab es damals pro Sack vom Schrottler, und das Geld habe ich dann für den Kino-Besuch ausgegeben. Fünfzig Pfennige kostete die Karte, sodass man sich mit der Mark auch noch eine Zuckerwaffel und eine Tüte Popcorn kaufen konnte – und damit war das Wochenende wieder mal gerettet. Die Dosen waren für mich ein richtiger Schatz, und deshalb habe ich auch immer wieder aus dem Fenster geschaut, um sicherzugehen, dass mir niemand meine Schätze aus der Hütte klaute. Einmal, an einem ganz regnerischen Nachmittag, habe ich am Fenster gesessen und aufgepasst. Vor der Hütte hatte ich ein paar Blechbüchsen ins Gras gelegt, damit der Regen sie sauber wusch. Da lief plötzlich ein älterer Mann auf dem Gelände herum. Der war bei allen nur als Herr Angel bekannt und wahrscheinlich der einzige Mann im ganzen Barackenviertel, der überhaupt einer geregelten Arbeit nachging: Er verdiente sein Geld als Bahnarbeiter. Als der sich nun im Garten zu schaffen machte, bekam ich plötzlich Angst um meine Büchsen und habe laut gegen das Fenster geklopft und gerufen, er soll die Dosen liegen lassen. Ich hatte zu diesen Dingern ein fast schon emotionales Verhältnis, sie waren ja die Retter meiner Wochenenden! Ich habe also wild gestikuliert und gerufen und ihm Zeichen gemacht, dass er die Dosen nicht mitnehmen, sondern in meine Hütte werfen sollte. Der Mann schaute nur etwas verwundert, aber dann hat er das tatsächlich gemacht.

Vielleicht hatte er in unserem Viertel schon oft kleine Kinder gesehen, deren Herz an scheinbar nutzlosen Dingen hing. Ich war an dem Nachmittag jedenfalls überglücklich. Irgendwie hatte ich fast das Gefühl, einen neuen Verbündeten in der Siedlung gefunden zu haben. Dabei hatte ich mich trotz meiner Hautfarbe und der Situation mit meiner Mutter nie wirklich als Außenseiter gefühlt: Nein, ich war bei meinen Freunden voll integriert, und unsere Bande hatte schon einen ziemlich negativen Ruf, vor allem außerhalb unserer Siedlung. Dort stieß unsere Gang bei Gleichaltrigen, aber auch bei älteren Mannheimern auf heftige Ablehnung. Wir haben manchmal auch pure Angst verbreitet. Dafür war der Zusammenhalt unter uns umso größer: Egal, ob weiß oder schwarz, wir alle hatten die gleichen Probleme. Wir waren arm, wurden nicht akzeptiert und stammten aus schwierigen Familienverhältnissen. Und das schweißte uns als

Freunde natürlich zusammen – so fest, dass manche dieser Freundschaften bis heute halten, und das ganz unabhängig davon, was aus den Jungs später beruflich wurde. Handwerksmeister sind da genauso dabei wie Sportstudiobesitzer, Angestellte genauso wie Kleinkriminelle. Das Entscheidende ist für mich aus heutiger Sicht: Viele haben in den letzten Jahren und Jahrzehnten diese belastende Herkunft aus den Baracken wettgemacht: durch Fleiß und Engagement. Und deshalb sind diese Jungs für mich bis heute ein Vorbild. Damals war mir das natürlich nicht klar. Damals wusste ich ja selber überhaupt nicht, was ich werden sollte und welchen Lebensweg ich einschlagen könnte. Das hat mir niemals jemand vorgelebt.

Wie denn auch? Meinen Vater, den US-Gefreiten Charles Blackwell, habe ich nie kennengelernt. Denn als ich gerade erst fünfzehn Monate alt war, wurde Charles zurück in die USA kommandiert. Er wollte meine Mutter und mich mitnehmen und meine Mutter dann in Amerika heiraten. Sogar die Möbel in Deutschland waren schon verkauft und die notwendigen Papiere beantragt. Aber dann bekam meine Mutter wohl Angst, ihre Zweifel wurden immer größer. Was wäre, wenn das nicht gut gehen würde mit diesem Mann in den USA? Was wäre, wenn sie dort, in Oregon, aus welchem Grund auch immer auf sich allein gestellt sein würde, mit einem kleinen Kind und ohne irgendwelche Englisch-Kenntnisse? Sie konnte die Sprache ja nicht und war auch sonst nicht so mutig. So blieb sie schließlich mit mir in Deutschland, und das Einzige, was ich von meinem Vater behalten habe, war ein kleiner Ansteckknopf mit einem Foto des Mannes, dem ich mein Leben, meinen Namen und eben auch meine Hautfarbe verdanke. Mehr weiß ich bis heute nicht, auch nicht, ob er überhaupt noch lebt. Dieses kleine Bild von ihm habe ich gehütet wie einen Goldschatz, und dieser Schatz wurde umso wichtiger, als ich in die Schule kam und dort erleben musste, dass alle meine Klassenkameraden einen Vater hatten, der da war und sich – mehr oder weniger – um die Familie kümmerte. Ich habe die anderen Jungs darum beneidet. Ich selber habe mich damals vom Schicksal doppelt benachteiligt und ausgegrenzt gefühlt – ich hatte nicht nur keinen Vater, sondern war auch noch schwarz. Das waren die Jahre, als ich ihn am meisten vermisst habe. Und meine Mutter hat so gut wie nie von ihm erzählt. Sie war ziemlich in sich gekehrt, und ich habe sie die meiste Zeit zurückhaltend erlebt. Dieses Schweigen, das war manchmal sehr schmerzhaft. Nur wenn sie betrunken war, dann öffnete sie sich manchmal ein bisschen und hat mal ein wenig erzählt – aber nichts, was mich auf der inneren Suche nach meinem Vater weiterbrachte. Im Gegenteil: Wenn meine Mutter mal wieder durch den Alkohol redselig wurde, dann habe ich mich abgrundtief für ihren Zustand geschämt.

Eine meiner ganz frühen Erinnerungen ist ziemlich schlimm. Ich muss ungefähr vier Jahre alt gewesen sein. Meine Mutter kam spät nachts wieder einmal mit einem fremden Mann nach Hause. Weil es für die Wohnung nur einen Schlüssel gab und ich die Tür von innen verriegelt hatte, habe ich durchs Fenster nach draußen geschaut, als sie klingelte. Ich wollte ja wissen, wer da kam, bevor ich aufmachte. Und dieser Mann, den sie dabeihatte, der machte mir unheimlich Angst. Da habe ich meiner Mutter durch das Fenster zugerufen, sie soll den Mann wegschicken, sonst würde ich die Tür nicht aufschließen. Meine Mutter hat dann gesagt, sie werde sich unter den Zug werfen und umbringen, wenn ich die Tür nicht öffnen würde. Und dann ist sie mit diesem Fremden weggegangen. Ich habe auf ihre Rückkehr gewartet, aber sie tauchte nicht mehr auf. Ich wurde immer ängstlicher und habe ständig an diese Drohung denken müssen, dass sie sich umbringt. Dreihundert Meter von uns entfernt gab es eine Bahnstrecke, und dahin habe ich mich als Vierjähriger irgendwann mitten in der Nacht auf den Weg gemacht und voller Angst an den Bahngleisen nach meiner Mutter gesucht. Stundenlang bin ich da panisch durch die Dunkelheit gestolpert und war fest davon überzeugt, meine Mutter indirekt umgebracht zu haben und sie gleich tot irgendwo zu finden. Als ich sie bis zum Morgengrauen nicht entdeckt hatte, lief ich völlig niedergeschlagen und übermüdet nach Hause. Ich habe sie umgebracht, ich bin schuld an ihrem Tod, habe ich immer wieder gedacht. Das hämmerte sich mir so richtig ins Hirn ein. Als ich zurückkam, stand die Haustür der Baracke offen, dann hörte ich Geräusche und meine Mutter lag schnarchend auf dem Bett. Nie zuvor habe ich mich so über ihr Schnarchen gefreut. Sie selber hat später über diesen Abend nie wieder ein Wort verloren.

Natürlich haben mir damals solche Situationen riesige Angst gemacht, weil ich mich immer wieder gefragt habe, ob ich vielleicht schuld bin am Zustand meiner Mutter, an ihrer Verlassenheit, an ihrer Armut und ihrem ganzen schwierigen Leben. Ich habe mich damit richtig gequält, und natürlich habe ich mich auch geschämt. Ich hatte regelrecht Angst, als Bewohner der Benz-Baracken erkannt zu werden. Als ich später meine erste Freundin Margot kennenlernte, gab es deshalb erst mal ein wochenlanges Versteckspiel. Margot hatte nämlich schon einen VW-Käfer, mit dem sie mich manchmal nach unseren Treffen nach Hause brachte. Aber ich wollte natürlich nicht, dass sie irgendetwas von der Barackensiedlung zu Gesicht bekam. Also habe ich gar nicht erst verraten, wo ich wirklich herkam, sondern behauptet, ich würde im Mannheimer Prominentenviertel Ostheim wohnen und aus einer gut verdienenden Familie stammen. Dann ließ ich mich von ihr immer in Ostheim vor einem besonders schönen Haus absetzen und winkte ihr so lange nach, bis der Käfer um die nächste Ecke verschwunden war. Danach bin ich fast sieben Kilometer nach Hause in die Siedlung gelaufen. Bei Schnee, Regen, Kälte – ein halbes Jahr lang habe ich diese Lügengeschichte aufrechterhalten, bevor ich mich endlich getraut habe, Margot die Wahrheit zu erzählen.

Beim Erfinden von Geschichten konnte ich damals ziemlich eifrig sein – in der Schule war ich es nicht. Nach der Grundschule war ich an eine Hauptschule in unserem Viertel gewechselt, an die Waldhofschule. Die habe ich aber, ehrlich gesagt, nur nach Lust und Laune besucht. Und das hieß: Zwei oder drei Tage war ich da, dann bin ich wieder zu Hause geblieben oder habe mich mit meinen Kumpels in der Gegend herumgetrieben. So war das üblich in den Benz-Baracken, und weil ich dazugehören wollte, habe ich es halt genauso gemacht wie die anderen Jungen um mich herum. So gesehen war es fast schon ein Wunder, dass ich den Hauptschulabschluss überhaupt geschafft habe.

Rainer, dem Jungen aus der Reihenhaussiedlung, der mir regelmäßig sein Schulbrot abgeben musste, bin ich dann übrigens später noch einmal begegnet. Im Jahr 2000 kam ich nach einem längeren Aufenthalt im Allgäu zurück nach Mannheim, und weil ich da keine

Wohnung hatte und auch keine Bekannten mehr, die mir helfen konnten oder deren Hilfe ich annehmen wollte, bin ich dann zur Mannheimer Wohnungsbaugesellschaft (GBG) gegangen. Die haben im Mannheimer Stadtgebiet ungefähr 20000 Wohnungen, und ich dachte, dass ich hier vielleicht ein Dach über dem Kopf finden kann. Ich hatte das erste Mal überhaupt mit den Leuten zu tun und bin in das Büro eines Sachbearbeiters gegangen, um nach einer freien Wohnung zu fragen. Als ich ihm meine Papiere vorgelegt habe, schaute er mich an und sagte: »Sie müssen gleich zu meinem Chef rein, der wartet schon seit vierzig Jahren auf Sie.« Ich verstand überhaupt nichts mehr. Wieso sollte da einer seit vierzig Jahren auf mich warten? Dann sagte der Sachbearbeiter noch, dass auch alle seine Kollegen die Anweisung erhalten hätten, mich, sobald ich auftauchte, ins Büro des Chefs zu schicken.

Mir kam das zwar höchst suspekt vor, aber als ich zu dem Mann ins Büro kam, sprang er auf und schrie laut: »Mein Frühstück bekommst du nicht mehr!« Es stellte sich heraus, dass der Chef der GBG genau dieser Rainer Spagerer war, der Junge, dem ich ein paar Jahrzehnte vorher freies Geleit durch die Benz-Baracken gegeben und ihm dafür das Frühstück geklaut hatte. Als mir klar wurde, wer da vor mir saß, verlor ich im selben Moment alle Hoffnung, von der Wohnungsbaugesellschaft noch eine Wohnung zu bekommen. Aber dann kam die zweite Überraschung: Rainer Spagerer nahm die Geschichte sehr humorvoll auf. Und er war überhaupt nicht nachtragend, so dass aus dieser seltsamen Wiederbegegnung eine Freundschaft geworden ist, die bis heute hält.

Rainer Spagerer wurde danach mein Fürsprecher und er hat sich immer wieder für mich eingesetzt, als es darum ging, ob ich nach fünf Jahren ehrenamtlicher Arbeit in Schulen und Heimen von der Stadt und ein paar Jahre später von der GBG eingestellt werden sollte. Das war für ihn nicht einfach, schließlich war ich ein vorbestrafter Mann, der zehn Jahre im Gefängnis hinter sich hatte. Aber Rainer hat das hinbekommen – und ich bin ihm dafür sehr, sehr dankbar.

DER WEG IN DEN RING

MIT SIEBEN JAHREN bin ich zum ersten Mal zum Boxtraining gegangen. Ältere Jungen aus den Benz-Baracken nahmen mich damals mit. Und da war vor allem Wolfgang Bosso, Meister in der örtlichen Kartonagenfabrik, der im ganzen Viertel als Idol galt und selber auch boxte. Zu zehnt haben wir unserem Vorbild nachgeeifert: Immer dienstags und freitags gingen wir zum Training in die Waldhofschule. Die Handschuhe stellte der Boxclub, eigene Sportkleidung hatten wir natürlich nicht – trainiert wurde in den Straßenkleidern, die wir ohnehin trugen. Kraft- und Konditionsübungen, Schläge gegen den Sandsack und gegen die Wände, leichtes Sparring untereinander: Damals merkte ich schnell, dass ich mit meiner Kraft den Jungen in meinem Alter deutlich überlegen war. Das gab mir natürlich Selbstvertrauen, und nicht nur das: Beim Boxen wurde mir leichter ums Herz, ich konnte einen Teil meiner Angst und Beklommenheit in die Schläge legen und fühlte mich zumindest kurzzeitig nicht mehr so angespannt. Auch andere Sportarten hatten es mir angetan, hier fand ich Bestätigung und wurde viel seltener als sonst wegen meiner Hautfarbe verspottet und ausgegrenzt: Beim VfB Gartenstadt habe ich Fußball gespielt, seit ich zwölf war, und da war ich wegen meiner Wucht und Schnelligkeit so gefürchtet, dass ich es zeitweise sogar in die Mannheimer Stadtauswahl schaffte. Beim TV 1877 Waldhof probierte ich damals außerdem noch Gewichtheben aus und trat – weil ich ja kein Geld für richtige Schuhe hatte – bei Wettkämpfen in meinem einzigen Paar Straßenschuhe an. Bei den Deutschen Jugendmeisterschaften hatte ich das Pech, dass sich die Sohle meiner alten Schuhe gelöst hatte und herunterhing. Da bin ich dann vor den Kampfrichtern auf die Bühne gehumpelt, mit kaputten Schuhen und schlabbernder Sohle – und habe gewonnen! Ganz ehrlich: Damals machte mir das Gewichtheben als Sportart viel mehr Spaß als das Boxen. Das Problem war nur, dass wir Sportler beim Gewichtheben normalerweise unter uns blieben, da gab es höchstens mal ein paar einzelne Zuschauer. Beim Boxen war das anders: Boxkämpfe lockten begeisterte Zuschauer an, da wurde geschrien und gebrüllt, da wurde man angefeuert. Ich war regelrecht süchtig nach dieser Anerkennung, richtig gierig nach Applaus. Ich wollte die Leute rufen hören, ich brauchte das Klatschen. Wenn mir der Trainer beim Gewichtheben nur einen Klaps auf die Schulter gab, war mir das zu wenig.

1965, im Alter von vierzehn Jahren, hatte ich dann meinen ersten echten Boxkampf. Vorher war ich noch zu jung gewesen, das Reglement erlaubte keinen früheren Fight unter Wettkampfbedingungen. Meine Premiere im Ring fand in Lampertheim statt, einer Kleinstadt nicht allzu weit von Mannheim entfernt. Und weil ich damals schon für mein Alter körperlich ziemlich kräftig war und es keinen gleichaltrigen Gegner gab, trickste der Verein ein wenig und änderte in den Unterlagen mein Geburtsjahr: Der Trainer machte mich einfach ein bisschen älter. So musste ich gegen Junioren zwischen sechzehn und achtzehn Jahren ran, die damit bis zu vier Jahre älter waren als ich. Aber das war kein Problem für mich – an diesem Nachmittag besiegte ich im Ring jeden Gegner.

Überhaupt schwamm ich zu dieser Zeit auf einer regelrechten Erfolgswelle. In allen Sportarten, die ich ernsthaft betrieben habe, konnte ich richtig gute Leistungen vorweisen: beim Boxen ohnehin, aber auch im Gewichtheben und beim Laufen. Schon mit vierzehn Jahren hatte ich die hundert Meter in 11,6 Sekunden geschafft. 1969 wurde ich dann Deutscher Jugendmeister im Gewichtheben im Mittelschwergewicht und im gleichen Jahr auch noch Vizemeister im Schwergewichtsboxen. Das war für mich eine Zeit voller Höhenflüge. Im Viertel, bei den Jungs aus den Baracken, war ich immer noch der alte Kumpel Charly – aber außerhalb Waldhofs habe ich gemerkt, dass mich die Leute mit mehr Aufmerksamkeit und positiver Anerkennung ansahen. Und das war ja genau das, wonach ich mich als Kind immer so gesehnt hatte. Dabei hatte es für meinen Meistertitel kein Geld und keinen anderen Preis gegeben, sondern einfach nur einen Pokal. Aber da ich ja schon seit meiner Kindheit weitgehend ohne Geld hatte auskommen müssen, störte mich das überhaupt nicht – wichtiger war die Anerkennung, die ich bekam. Die war für mich gar nicht mit Geld aufzuwiegen, die war ein richtiges Lebenselixier.

Andererseits war diese Zeit für mich auch eine sehr widersprüchliche Phase, denn neben dem Applaus bei den Box- und Gewichtheber-Wettbewerben gab es ja immer noch mein Zuhause mit meiner Mutter. Sie kam mit sich selbst kaum klar und konnte mir deshalb auch keinen Halt und viel zu wenig menschliche Wärme geben. Das heißt nicht, dass sie mich böse oder schlecht behandelt hätte – obwohl sie mich natürlich als Kind geschlagen hat, das war ja ganz normal für die damalige Zeit und die Umgebung, in der ich aufgewachsen bin. Aber die Unterstützung und Zuwendung, die ich mir immer erhofft hatte, bekam ich von ihr auch nach den sportlichen Erfolgen nicht.

So gesehen war es vielleicht kein Wunder, dass ich dieses Zuhause erst einmal hinter mir ließ, als sich mir mit siebzehn Jahren die Chance dazu bot. Und diese Chance ergab sich, als sich ein loser Kontakt zwischen meinem Boxclub SV Waldhof und einem Boxcamp in Bad Soden entwickelte. Dort war Hans Joachim Trautwein unter Vertrag, ein Mittelgewichtler, der manchmal in Mannheim zum Training kam und dem mein Talent aufgefallen war. Trautwein brauchte nicht viel Überzeugungskraft, um mich zu überreden, mal an einem Probetraining im Taunus teilzunehmen. Natürlich ließ ich mir diese Chance nicht entgehen.

Das Bad Sodener Boxcamp von Bruno Müller war eigentlich nur der schäbige Saal einer Gaststätte, aber für mich war das damals die große Welt des professionellen Boxsports. Bruno Müller galt als Kapazität und als jemand, der die richtigen Leute in der Boxszene kannte. Das war kein Wunder, schließlich war er schon während der Nazizeit als Manager aktiv gewesen und hatte nach dem Krieg in Berlin, mitten in den Bombentrümmern im Tiergartenviertel, auf dem Dach eines unversehrt gebliebenen Hauses einen Ring installiert, wo unter freiem Himmel geboxt wurde. Zusammen mit seinem Sohn Wolfgang betrieb Bruno in dieser Gaststätte seinen Boxstall.

Ich legte mich ins Zeug wie noch nie in meinem Leben. Ich wollte ihnen unbedingt beweisen, dass ich kein Schwächling war. Die harten Jungs jedenfalls waren schwer beeindruckt und wollten gar nicht glauben, dass dieser junge Schwarze, der da so kraftvoll losschlug, erst siebzehn Jahre alt sein sollte. Ich war wirklich talentiert, da waren sich die Boxexperten einig – und deshalb schickten sie eilig eine Delegation zu meiner Mutter nach Mannheim, um von ihr einen Zehn-Jahres-Vertrag für mich unterschreiben zu lassen, mit einer Option auf weitere zehn Jahre. Ich selbst war zu dem Zeitpunkt ja noch minderjährig. Die finanzielle Gegenleistung war kaum erwähnenswert. Für mich zählte alleine die Möglichkeit, in eine Umgebung zu kommen, die mich schon immer fasziniert hatte und die ich für die große, weite Welt hielt. Dass es da meistens genauso eng und begrenzt zuging wie zu Hause in den Benz-Baracken, ahnte ich damals noch nicht. Es sollte nicht lange dauern, bis ich das schmerzhaft erfahren würde.

Bruno und Wolfgang Müller teilten sich die Aufgaben als Manager und Trainer. Damals wusste ich ja noch nicht, was *DIE WELT* später mal über Wolfgang Müller schreiben sollte: »Der hatte zwar vom Boxen keine Ahnung, hing im Rotlichtmilieu drin und trank, aber es war eben kein anderer da.« Ich jedenfalls fühlte mich erst einmal wie ein rasanter Aufsteiger, wie ein echtes Glückskind: aus den trostlosen Baracken der Mannheimer Siedlung ins Müller-Boxcamp, wo immerhin die deutsche Boxlegende Karl Mildenberger trainierte. Mildenberger, das war ein Sportler, den in den Sechzigern jeder Junge kannte: ein Rechtsausleger mit internationalem Ruf, der in seinen 62 Profi-Kämpfen 53 Mal als Sieger aus dem Ring geklettert war und der als einziger Deutscher überhaupt gegen Muhammad Ali, gegen diese Legende, geboxt hatte.

Mildenberger hatte das Leben gelebt, von dem auch Charly träumte: Er war durch sportliche Leistung aufgestiegen und hatte Erfolg durch seine Körperkraft. Er war berühmt für seine schweren, linken Leberhaken, von denen er selbst später einmal sagen sollte, sie seien ihm »direkt peinlich: Ich brauchte die Kerle bloß auf den Bauch zu tippen und schon fielen sie um«. 1958 wird Mildenberger als Amateur deutscher Meister im Halbschwergewicht, startet dann mit 21 Jahren seine Profikarriere und wird ab 1960 von Bruno Müller gecoacht und gemanagt, der ihm den Weg ins Schwergewicht-Boxen ebnet. Von den ersten dreißig Profikämpfen verliert er nur einen einzigen; 1962 besiegt er Olympiasieger Pete Rademacher, kassiert aber ein paar Wochen später bei seinem ersten Kampf um den Europameistertitel gegen den Engländer Dick Richardson in der Dortmunder Westfalenhalle eine unerwartete Niederlage. Denn nach nur zwei Minuten und 35 Sekunden schickt Richardson seinen deutschen Gegner auf die Bretter. Der schnelle K.-o.-Sieg von Richardson trägt Mildenberger viel Spott und den Schmähtitel »Karl der Flache« ein, sein vorheriger Spitzname »Der neue Schmeling« gerät in Vergessenheit. Doch der Boxer kämpft sich aus dem psychischen und physischen Tal nach dieser Niederlage wieder heraus – und schafft es 1964 im zweiten Anlauf, den Europameistertitel zu erringen. Beim Kampf gegen den Italiener Sante Amonti in der Berliner Deutschlandhalle am 17. Oktober 1964 ist er es, der seinen Gegner nach nur 55 Sekunden k.o. schlägt und der damit nach Max Schmeling zweiter deutscher Europameister wird. Zwei Jahre und zehn Kämpfe später steht Mildenberger dann im Frankfurter Waldstadion dem größten Gegner seiner Karriere gegenüber: Er fordert Muhammad Ali heraus. Er will dem Größten der Großen, dem »Champ«, am Abend des 10. September 1966 den Weltmeistertitel entreißen.

Und das, obwohl ihm die szenekundigen Beobachter nicht allzu viel zutrauen. »Milde« gilt zwar nicht gerade als Fallobst, aber doch als leichter Gegner für Ali. Der ist wegen seines Engagements bei den Black Muslims und gegen den Vietnamkrieg in den USA in Ungnade gefallen und muss durch die Welt touren, um boxen zu können – und um Geld zu verdienen. Ali hat in den Monaten zuvor in Toronto und zwei Mal in London geboxt und natürlich gewonnen; für den Kampf in Frankfurt prognostiziert die FAZ, dass Mildenberger höchstens dreieinhalb Minuten im Ring überstehen werde. Andere Experten sind vorsichtiger, aber auf mehr als drei Runden setzt kaum jemand. Doch der deutsche Boxer überrascht sie alle: Den Kampf gegen Ali verliert er zwar durch technischen K.o., doch bis zur zwölften Runde liefert er dem Weltmeister vor 20 000 frenetisch jubelnden Zuschauern einen mutigen und großartigen Fight. »Es war mein schwerster Kampf seit dem Titelgewinn gegen Sonny Liston«, zollt Ali seinem Gegner Respekt und will »nie wieder« gegen ihn kämpfen. Und für Karl Mildenberger ist die Niederlage so etwas wie der größte Sieg

seiner Karriere und auf jeden Fall der Kampf seines Lebens: »Karl der
Große« wird Mildenberger fortan genannt, vom »Hohelied der Tapfer-
keit« schwärmt das Magazin Boxsport – »Milde« ist ein deutscher Su-
perstar.

Natürlich war ich mehr als beeindruckt, als ich 1969, ein Jahr nach
dem Karriereende von »Karl dem Großen«, ausgerechnet in den Boxstall aufgenommen wurde, in dem auch »Milde« trainiert hatte und
wo er immer noch ab und zu vorbeischaute. »Taunusblick« hieß die
Gaststätte, in deren Saal wir trainierten. Für mich als siebzehnjähri-
gen Barackler war das alles neu, aufregend und verwirrend: der Le-
bensstil und die Prominenz um mich herum, das Lob für mein Talent
und der Glamour der Halbwelt-Gestalten, die im Bad Sodener Boxstall ein und aus gingen. Zunächst stand für mich dabei die so lange
vermisste Anerkennung im Mittelpunkt – etwa, wenn ich gegen den
früheren Europameister im Leichtgewicht, Willy Quatuor, zum Training in den Ring stieg. Dabei hatte ich das Gefühl, absolut respek-
tiert zu sein und diesem Idol auf Augenhöhe zu begegnen. Ich wurde
mit Komplimenten überschüttet: »Du bist zwar erst siebzehn, aber
schon mit Muhammad Ali zu vergleichen«, hieß es mehr als einmal
– und ich habe das auch noch geglaubt, so naiv war ich. Das war
natürlich gut für mein Selbstbewusstsein –, aber auf meine Verträge
und eine gerechte Bezahlung achtete ich weniger. Heute würde ich
sagen, dass ich da gezielt über den Tisch gezogen worden bin: Die
wollten nicht, dass es mir gut ging, die wollten Geld mit mir verdienen – möglichst viel und möglichst schnell. Dem konnte ich nicht
viel entgegensetzen, von solchen Geschäften hatte ich keine Ahnung. Schließlich hatte ich auch keine Familie oder Freunde im Hintergrund, die mich kompetent und unabhängig hätten beraten können. Sportlich gesehen ging es ziemlich steil nach oben. Seelisch
allerdings ging es mir immer schlechter. Ich war zwar jetzt im Boxcamp, aber ich hatte Heimweh, war oft traurig und einsam. Zum
Glück gab es wenigstens die Musik. Fast jeden Abend habe ich alleine Schallplatten gehört, zum Beispiel Mr. Pitiful von Otis Redding:
»They call me Mr. Pitiful, Baby thats my name now, they call me Mr.
Pitiful, thats how I got my fame.«

Das waren Lieder, die mir aus der Seele sprachen. Aber Trainer und Manager interessierte das nicht. Den beiden, Vater und Sohn Müller, ging es nie um mich, nur um einen möglichst reibungslos funktionierenden Boxer. Die Kämpfe als Jugendlicher hatte ich fast ausnahmslos gewonnen, und so sollte ich noch als Siebzehnjähriger ins Profilager wechseln, um schnell viel Geld zu verdienen. Die Trainer wollten es so, und ich machte – natürlich – mit. Welche Argumente hätte ich damals auch dagegen vorbringen sollen?

DER EINE-MILLION-DOLLAR-MANN

ES GIBT EINE AUSSAGE über mich, die immer und immer wieder zitiert wird. »Der Junge sieht aus wie eine Million Dollar«, hatte Box-Promoter Joachim Göttert gesagt, als er mich das erste Mal bei einem Boxkampf im Ring beobachtete. Für ihn war ich wohl so eine Art Rohdiamant, der geschliffen werde musste, mit dem man dann an die ganz großen Gagen, an das ganz große Geld herankam. Er schwärmte mir von dem Reichtum vor, den wir beide erreichen würden, und so habe ich bei Göttert unterschrieben und gedacht, dass ich genau diese Million bekommen würde. Wobei Göttert eher an sein eigenes Portemonnaie gedacht haben dürfte als an meins.

Überhaupt, die Sache mit dem Geld: Als Amateurboxer konnte ich ja offiziell kein Geld verdienen, wir Sportler erhielten keinen Pfennig. Trotzdem brauchte ich natürlich Geld – und hatte deshalb, kurz nach dem Blechbüchsensammeln, schon als Schüler auf einem Bauernhof in der Nähe der Benz-Baracken ausgeholfen. Zwei Mark Tageslohn bekam ich damals dafür, und als ich nach acht Jahren Schulzeit bei einem Schrotthändler das Einschmelzen von Autokühlern übernahm, wurde das sogar mein Stundenlohn. Aber bei diesem Job hielt ich es nicht allzu lange aus, weil ich immer wieder wegen meiner Hautfarbe verspottet und angegriffen wurde. Deshalb bin ich zu einem Mann-heimer Bauunternehmen gewechselt und habe als Einschaler ange-fangen. Wir haben da bei jedem Wetter auf Baustellen, zum Beispiel für große Autobahnbrücken, gearbeitet und bekamen dafür schon vier Mark Stundenlohn. Zwei Mark mehr zahlte mir dann später eine Stahlbaufirma, wo ich zusammen mit Kollegen Schiffsanker aus glü-hendem Eisen formte. Das war richtig harte Arbeit, aber das gefiel mir auch: Da wurde nicht viel geredet, sondern zugepackt und die an-strengende Arbeit einfach erledigt – genau die Atmosphäre, in der ich mich wohl fühlte. Und tatsächlich war der Verdienst für einen Jungen aus den Benz-Baracken auch gar nicht so schlecht: Achtzig Mark im

Monat musste ich bei meiner Mutter abliefern, vom Rest kaufte ich mir Soul-Schallplatten und vor allem Kleidung. Anders und besser auszusehen als andere, das wurde damals so etwas wie mein Hobby. Das war mir wichtig, um mich abzuheben und um die Mädchen zu beeindrucken. Und trotzdem: Es reichte zwar, aber viel Geld habe ich nicht verdient, und da war eine Karriere als Profiboxer für mich auch finanziell absolut verlockend. Fünfhundert Mark pro Kampfabend sollte es geben – für mich war das ein Vermögen. Und ich bekam Lust auf mehr: auf mehr Kämpfe, mehr Erfolg, mehr Anerkennung. Und: mehr Geld. Zwei Tage vor meinem achtzehnten Geburtstag war es dann so weit: In der Frankfurter Festhalle sollte ich zum ersten Mal als Profi ran. Weil ich ja noch nicht volljährig war, musste mein Manager erst einmal eine Sondergenehmigung besorgen, damit ich überhaupt in den Ring steigen durfte. Mein Gegner an diesem Abend war Lutwin Hahn, und der hatte mich, glaube ich, ziemlich unterschätzt.

Charly jedenfalls tänzelt für einen Schwergewichtler erstaunlich leichtfüßig durch den Ring, bewegt sich flink und klug gleichermaßen, lässt Hahn ein paar Mal regelrecht ins Leere schlagen. Das sehe genauso aus wie beim großen Ali, sagen die Boxfans rund um den Ring, dieser »Ali-Shuffle«, eine Art flinker Tanzschritt zwischen den Seilen, sehr beeindruckend. Samba auf den Fußspitzen sei das, lobt das Magazin Twen, *Charly wolle eben das geschmeidige, artistische Florett boxen, nicht den plumpen Säbel – was ihn freilich nicht daran hindert, Hahn bereits in der ersten Runde des Kampfs k.o. zu schlagen. Für Lutwin Hahn ist es die vierte Niederlage im vierten Kampf und gleichzeitig das Ende seines Profi-Daseins als Boxer.*
Auch mit seinem zweiten Gegner nimmt sich Charly nicht wesentlich mehr Zeit: Der Belgier Andre Wyns, mit dem er sich am 12. Dezember 1969 im Ring der Kölner Sporthalle trifft, liegt schon nach einem einzigen Volltreffer auf den Brettern, beim zweiten Schlag ist er bereits ausgeknockt – oder tut zumindest so, wie manche der Zuschauer munkeln. Tatsächlich ist Wyns mit einer auffallend schlechten Kampfstatistik nach Köln gekommen: Von seinen bis dahin 32 Profi-Kämpfen hat er 28 verloren, 16 davon durch K.o., und nach der Niederlage gegen Charly Graf beendet er seine Karriere dann auch. Zwei Kämpfe,

zweimal K.o. in der ersten Runde, zwei Gegner, die danach ihren Abschied aus dem Ring erklären – dem Publikum gefällt, was sie da als neue Hoffnung am Boxsporthimmel präsentiert bekommen. Es feiert Charly frenetisch. »Hierzulande neigt man zu Übertreibungen und Überschätzungen«, *kommentiert Hermann Ruping im Dezember 1969 im Hamburger Abendblatt diese Euphorie:* »Wer miterlebte, wie der braunhäutige junge Mann bei seinen ersten beiden Kämpfen als Berufsboxer in Frankfurt und Köln – er gewann sie jeweils in der ersten Runde – umjubelt wurde, muss um seine Moral fürchten.« *Charly sei zwar ein hoffnungsvolles Talent, aber es sei völlig unklar, wie sein weiterer Weg aussehen werde:* »Wie wird sich der Körper entwickeln? Wird er zur Masse eines Sonny Liston quellen oder die Idealfigur eines Cassius Clay nachmodellieren? Werden die Reflexe ausreichen, wenn es ernste Gegner zu bezwingen gilt, und wie steht es mit der Härte des Jungen?«

Charlys erste Gegner, darin sind sich die Beobachter der Box-Szene schnell einig, sind eigentlich nur Fallobst gewesen, »kaum mehr als auf Schonung bedachte Spielgefährten«, *wie ein Kommentator schreibt, oder* »Matschpflaumen«, *wie sie von der Süddeutschen Zeitung genannt werden. Dagegen ist allerdings auch kaum etwas einzuwenden, schließlich muss Charly ja erst einmal Kampferfahrung sammeln. Und auch andere Größen des Boxsports haben ihre Profikarrieren mit einer ähnlichen Strategie begonnen; Bubi Scholz etwa, der spätere Weltklasseboxer, der zu Beginn seiner Laufbahn erst einmal eine Reihe deutlich schwächerer Gegner k.o. geschlagen hat. Für Charly jedenfalls ist der Jahreswechsel 1969/70 ein Silvester der besonderen Art: Innerhalb weniger Monate ist er vom kleinen Lokalmatador zur Nachwuchshoffnung des deutschen Boxsports hochgejubelt worden, kann als Profi zwei K.-o.-Siege jeweils in der ersten Runde verbuchen und bekommt von allen Seiten Schulterklopfen und Anerkennung – auch wenn dahinter bei etlichen seiner Weggefährten wohl die Hoffnung steht, mit dem Besatzerkind das richtig große Geld zu machen.*

Immer wieder wurde damals geschrieben, meine ersten Gegner wären extra so ausgewählt worden, dass ich zu leichten Siegen kommen konnte – aber das stimmt nicht. Für mich ging es von Anfang an immer um alles oder nichts. Für einen Siebzehn- oder Achtzehnjährigen war das verdammt viel Druck – auch wenn ich das damals auf gar keinen Fall zugegeben hätte. Denn natürlich habe ich die Erfolge, die Siege, die Feiern und den Beifall genossen. Diese euphorischen Gefühle waren gut, weil sie die Angst verdrängten, die ich zwar manchmal vergessen konnte, die aber eigentlich immer da war wie ein unsichtbarer Begleiter. Der ganze Jubel, der Zuspruch der Leute um mich herum, aber auch der Zuschauer – wenn ich ehrlich bin, konnte ich das plötzliche Durcheinander in meinem Leben nicht so recht begreifen und einordnen. Aber es gefiel mir, und ich wollte auf gar keinen Fall die Menschen, die mich begleiteten, enttäuschen. Dabei hatte ich wahnsinnige Angst, mit einer Niederlage im nächsten Kampf das gerade Erreichte wieder zu verlieren, keine Anerkennung mehr zu bekommen. Alles würde dann vorbei sein und zusammenbrechen, ich müsste zurückkehren nach Mannheim, zurück in die trostlose Welt der Benz-Baracken.

Meine Leichtigkeit geriet langsam in Gefahr – das war immer mein Markenzeichen gewesen, mit dem ich die Zuschauer noch als jugendlicher Amateur und auch bei den ersten Profikämpfen beeindruckt hatte. Aber ich wollte das nicht wahrhaben und konnte mir diese Veränderung nicht eingestehen. Das waren ja die ganz normalen Ängste eines Achtzehnjährigen, der gerade einen ziemlich turbulenten Aufstieg hinter sich hatte – aber mit wem hätte ich über meine Sorgen, über meine Versagensängste reden sollen? In der harten Welt des Boxcamps in Bad Soden zählte nur das Testosteron. Unter den Männern um mich herum, die alle überhaupt keine Selbstzweifel zu kennen schienen, gab es niemanden, bei dem ich das Gefühl hatte: Dem kannst du dich anvertrauen. Ehrlich gesagt, wollte ich von denen vor allem in Ruhe gelassen werden. Man wusste nie, was sich da gerade wieder irgendjemand ausgedacht hatte. Da wurde ich zum Beispiel eines Tages von meinem Manager Wolfgang Müller an einen Tisch gebeten, an dem schon ein Groß-Zuhälter aus Frankfurt und seine Frau saßen. Müller wollte diesem Halbwelt-Typen Anteile verkaufen – Anteile an mir! Ich fand das einfach unglaublich und kam mir vor wie ein Stück Vieh, das von einem Bauern verhökert wird. Aber was hätte ich machen sollen? In der harten Boxbranche galt ich – wegen meiner Liebe zum Soul und wegen meines gelegentlichen Heimwehs – sowieso schon als Sensibelchen.

Obwohl es mir nicht wirklich gut ging, versuchte ich, mich auf die Kämpfe zu konzentrieren, die ich bestehen und natürlich möglichst auch gewinnen musste. Fast im Monatstakt stieg ich in den Ring, Ende Januar 1970 folgte bereits Fight Nummer drei gegen den Spanier Landro Galento. Und auch hier lief es wieder wie am Schnürchen: K.-o.-Sieg in der ersten Runde, und anschließend gab Galento seine Profi-Ambitionen auf. Eineinhalb Monate später, am 12. März 1970, folgte schon der vierte Kampf in meiner noch nicht einmal vier Monate alten Profikarriere. Das war ein Donnerstag, und ich musste im hessischen Kelkheim gegen Herbert Willems antreten.

Dort in Kelkheim veranstaltet Charlys Manager Wolfgang Müller zwischen den Großkampftagen der Boxszene immer mal wieder kleinere Spektakel »als Beschäftigungstherapie für seine Schützlinge«, wie die Süddeutsche Zeitung *unkt. Diese Veranstaltungen seien der Freitagabendknüller in den Taunusgemeinden: »Da sitzen sie dichtgedrängt, die Möchtegern-Marcianos, und reagieren ihre während der Woche angestauten Aggressionen über die blutige Prügelei im Ring ab. Die Vielzahl der seidenen und wohl auch halbseidenen Superblondinen an ihrer Seite drohen mit ihren Augen jeden Zoll von Charlys herkulischer Gestalt (Bizepsumfang 43 Zentimeter) zu verschlingen.« Doch Charly hat keine Zeit, sich um seine Fans zu kümmern, die ihn als »Cassius« und »Ali vom Waldhof« anfeuern – schließlich wartet hier zum ersten Mal ein ernst zu nehmender Gegner auf ihn. Der heutige SPIEGEL-Journalist Olaf Ihlau ist damals als Reporter für die SZ in der verqualmten Kelkheimer Stadthalle vor Ort: »War den Fäusten des neuen Gladiators in den ersten drei Profikämpfen im Grunde nur ›Fallobst‹ vorgesetzt worden, so stellte sich ihm diesmal mit dem Krefelder Rechtsausleger Herbert Willems kein ›Weichgeklopfter‹, sondern ein harter Schläger entgegen.« Es ist von vornherein klar: Einen K.-o.-Sieg in der ersten Runde, wie in den Kämpfen zuvor, wird es hier kaum geben. Und tatsächlich muss Charly erstmals in einem Kampf als Profi einige heftige Treffer einstecken. In der Pause nach der ers-*

37

ten Runde erinnern seine Betreuer ihn an seine Schnelligkeit und seine Kraft. Und Charly setzt die Ratschläge um: In Runde zwei schickt er Willems mit einer schnellen, harten Rechten ans Kinn auf die Bretter – und die Zuschauer in der Stadthalle brechen in frenetischen Jubel aus, »als sei eben der Krebserreger entdeckt worden«, wie die FAZ *kommentiert.*

Überhaupt, die Journalisten – die schrieben über mich sowieso, was sie wollten. Und das klang vom einen auf den anderen Tag ziemlich verschieden: Offene Faszination für den Boxsport und das Milieu wechselten sich mit moralgeschwängerten Forderungen nach einem Verbot der Kämpfe und des Berufsboxens nach schwedischem Vorbild ab. Nach Karl Mildenbergers Karrierehöhepunkt gegen Muhammad Ali fehlte unserer Szene der Glanz. Talente gab es kaum auf dem deutschen Boxmarkt. Statt der großen Hallen oder gar Stadien, wie noch bei Mildenberger, mussten die Veranstalter immer öfter kleine Stadthallen und unbedeutende Klitschen mieten, um überhaupt noch einen Kampfabend auf die Beine stellen zu können. Einige Zeitungen wie die *Frankfurter Rundschau* hatten damals, Anfang der 1970er Jahre, ihre Boxberichterstattung fast auf null zurückgefahren und wollten die entsprechenden Artikel »am liebsten nur noch als Nachricht zwischen den Meldungen über Mord und Totschlag im Teil für Vermischtes bringen«, schrieb der Journalist Olaf Ihlau. Keine Frage – das Boxen hatte ein massives Imageproblem. Und dann war ich mit meiner ziemlich steilen Karriere aufgetaucht und brachte diese verkorkste und irgendwie doch so deutsche Geschichte mit. Die Zeitungen haben sich regelrecht auf mich und meine Karriere gestürzt. Ständig wurde von der Faszination berichtet, die von meiner Art zu boxen ausging, und dass ich reihenweise meine Gegner niederschlug. Von der *Süddeutschen Zeitung* wurde ich als »der braune Muskeljüngling« gefeiert, der bei seinen Auftritten im blauen Bademantel einen Begeisterungstaumel unter den Besuchern auslöste.

Für meinen fünften Kampf fuhr ich wieder nach Köln, wieder in die – heute längst abgerissene – Sporthalle in Deutz. Hier hatte ich ein paar Monate zuvor schon Andre Wyns geschlagen, und hier sollte ich an diesem Freitagabend im April 1970 den nächsten Schritt in eine glorreiche Zukunft tun. Mein Manager Wolfgang Müller hatte als Gegner den sonst vor allem in Spanien boxenden Nigerianer Sella Bukari einfliegen lassen – ein Blick in seine Kampfstatistik zeigte, dass er nicht unbedingt ein ebenbürtiger Gegner war. Bukari hatte von seinen vorherigen 34 Kämpfen 26 verloren. Doch das wollte in der allgemeinen Begeisterung für meine Person niemand so genau wissen. Und so schickten die Zeitungen wieder ihre Boxreporter an den Rhein, um das nächste Kapitel der Story zu schreiben.

Für die Zeitschrift Twen *ist der Boxabend in Köln ein Pflichttermin, über den sie unter der Überschrift »Der erste deutsche Neger schlägt zu« berichtet: »Scharr-lieh! Scharr-lieh! Scharr-lieh!‹, röhrt es aus dreitausend Kehlen. Und dreitausend weiße Gesichter rings um die Box-Arena in der Kölner Sporthalle starren auf einen braunen Mann: Charly Graf, Deutschlands erster Neger mit Stahl in den Fäusten und Gold im zukunftssicheren Blick. Charly stakst linkisch durch den Ring, der himmelblaue Bademantel verhüllt noch seinen Körper; er reckt die Arme in die Höhe und grüßt hinauf zur Galerie, der ›Scharrlieh‹-Schrei der dreitausend überschlägt sich, das Stakkato bricht unter der Applaus-Lawine zusammen, der frenetische Vorschuss-Beifall hat ungewohnt viele schrille Obertöne: Wenn der braune Charly boxt, drängt es auch die Frauen um den Ring. Zum fünften Mal boxt Charly Graf für Geld. Die Gegner Nummer eins bis vier blieben k.o. auf Charlys steilem Weg nach oben liegen. Die Nummer fünf, heute in der Kölner Sporthalle, hat auch keine Chance. Nummer fünf hat Charlys Farbe: ein Pockennarbiger aus Nigeria. Für das Publikum ist der Nigerianer ›der Neger‹, aber Charly ist Charly. Und Charly sticht mit langen Armen auf den Nigerianer ein, viel Effekt, viel Beifall. Charly tänzelt Tango um den Nigerianer, der zielt nach Charlys Kopf, doch die Faust saust ins Leere, Charly Graf ist nicht zu fassen. Dann zeigt Charly, wie man's macht, und seine Treffer beuteln den Nigerianer. Die Leute schreien: ›Charly, lass den Neger stehn!‹ Sie wollen das Vorspiel noch genießen, der fünfte Klimax kommt bestimmt. Sie wollen Charly noch ein paar Runden tanzen sehen im Karree der Seile, im*

Kleinformat die Schau genießen, die ihnen bislang nur ein Großer bot,
Cassius Clay alias Muhammad Ali, das Ein-Mann-Ballett, der Alles-
könner, der Ästhet, das große Vorbild Charly Grafs. Charly ist erst
achtzehn. Sein Körper täuscht Vollendung vor, mit achtzehn ist ein
Boxer noch ein Kind. Dieser hier ist ein gefährliches Kind – das lä-
chelt, und lieb spielt, und losschlägt, und killt. In der dritten Runde
trifft eine Faust, die wie ein Blitz aus dem Nichts kommt, den Nigeria-
ner, der reißt die Hände nach oben und signalisiert seine Aufgabe.
Sieger Charly Graf, zum fünften Mal also. Beifall rauscht wie Wasser-
fall die Ränge herunter über den Ring, lacht, und wie weiße Schaum-
kronen darauf wieder die schrillen Obertöne im Gekreisch. Charly
lacht und trinkt den Applaus.«

Diese Momente waren zwar die Highlights in meinem Alltag als
Boxer – aber natürlich waren sie auch die Ausnahme. Denn viel häu-
figer gab es diese grauen Tage in Bad Soden, an denen ich trainieren
und arbeiten musste, immer wieder – Training, Arbeit, Training. Das
war schon ein ausgesprochen tristes Leben im Boxcamp. Da stand
Seilspringen auf dem Programm, Schattenboxen, Hanteltraining.
Schweißtreibende Vor- und Nachmittage zwischen den Seilen waren
das, mühselige Beinarbeit, das automatisierte Einüben bestimmter
Schlagkombinationen, das Abreißen endloser Übungsrunden. Alles
wurde Strich für Strich im Trainingsjournal notiert – immer unter
den prüfenden Augen meines Trainers. Der hatte jeden Tag einen
Reisewecker dabei, dessen metallisches Schnarren das Training un-
erbittlich in dreiminütige Runden unterteilte. Damit kontrollierte der
Trainer die Zeiten.
Dazu kamen das Konditionstraining und die immer gleichen Übungen, zum Beispiel das Schlagen auf die Übungspratzen, die der Trainer mir hinhielt. Man schlägt dabei mit voller Kraft auf diese
überdimensionalen Handschuhe des Gegenübers und trainiert so
Schnelligkeit und Schlagkraft, außerdem wird dabei das Gefühl für
die eigene Schlagdistanz und die Schlagwirkung eingeübt. Durch
die immergleichen Abläufe werden bestimmte Kombinationen regelrecht ins Gehirn eingegraben – Abläufe, die ein Boxer im Ring instinktiv beherrschen und jederzeit abrufen können muss.

So sah also mein neuer Alltag als Profiboxer aus. Und weil ich von den fünfhundert Mark pro Kampf alle paar Wochen natürlich nicht leben konnte, gab es mit dem Boxstall eine Vereinbarung, die auch einen Arbeitsplatz einschloss. Ein paar Monate vor meinem achtzehnten Geburtstag war ich zu den Müllers gezogen. Mein Manager hatte mir in der Nähe eine Art Ausbildungsstelle als Lagerist besorgt, in einer Möbelfabrik in Kelkheim. Um dorthin zu kommen, lief ich jeden Tag im Trainingsanzug mehrere Kilometer durch die Stadt – als zusätzliche Übungseinheit vor und nach der Arbeit. Klar, dass ich morgens um sechs vor dem Weg zur Fabrik schon ein paar Kraftübungen abgeleistet hatte und dass ich spätnachmittags, nach der Heimkehr, sofort mit den Trainingseinheiten im Boxcamp weitermachte – schließlich hatte ich sonst ja auch nichts zu tun, kein Hobby, keinen Freundeskreis außerhalb der Boxszene.

Auch die Arbeit tagsüber konnte man durchaus als Training sehen: Als angehender Lagerist musste ich nicht selten Holzvorräte in einer Lagerhalle umschichten und dabei ebenfalls meine Kräfte einsetzen. Währenddessen war ich in meinen Gedanken oft bei meiner Mutter zu Hause in der Barackensiedlung – und damals habe ich mir geschworen, sie so bald wie möglich dort herauszuholen. Dazu musste ich nur erfolgreich sein, den eingeschlagenen Weg weitergehen, Geld verdienen. Und so trieb ich mich zu noch mehr Fleiß und noch mehr Training an. Mein einziger Trost war in dieser Zeit der Soul: Abends, nach den langen und anstrengenden Tagen, hörte ich in meinem Zimmer oft noch stundenlang Jimmy Cliff oder Wilson Pickett: »I'm hangin' baby, mmm mmm-hmm-hmm yeah, I'm hangin' on, hangin' on yeah, I'm hangin' on baby, you know what I'm talking about.«

Ich hatte also damals einen ziemlich langweiligen und tristen Alltag. Da freute ich mich natürlich über jedes Wort der Anerkennung und jede Aufmunterung, und das wussten natürlich auch die Leute um mich herum. Die erzählten mir Dinge, die sie wahrscheinlich selber nicht geglaubt haben. Dass ich Weltmeister werden könne, wie Bruno Müller meinte, und dass ich ein »universelles Talent« sei. Dass ich ein »schwarzer Diamant« wäre, wie sein Sohn Wolfgang Müller sagte, aber ein Diamant im Rohzustand, der noch geschliffen werden müsse. Und dass »die Mädchen am Ring feuchte Hände« bekämen, weil ich eben »das gewisse Etwas« hätte.

Am meisten schmeichelte mir aber Fast-Weltmeister Karl Mildenberger, der mich als »ein ungeheures Talent, vielseitig begabt«, bezeichnete. Natürlich habe ich mir darauf ziemlich viel eingebildet und geglaubt, dass das schon alles wie von selber laufen würde mit meiner Karriere. Meine Qualitäten als Entertainer wurden genauso gerühmt wie die angebliche boxerische Leichtigkeit. Ich habe damals diesen ganzen Zuspruch in eine einfache Formel übersetzt: Die alle glauben an mich und mein Können, habe ich mir immer wieder gesagt. Die vertrauen mir. Die setzen ihre Hoffnung in mich. Und ich bekomme auch noch Geld dafür.

Entsprechend selbstbewusst trat ich dann zu meinem sechsten Kampf an, gegen den Jugoslawen Ivan Preberg am 2. Oktober 1970 in der Frankfurter Festhalle. Preberg kam als Ex-Europameister im Halbschwergewicht an den Main, er hatte den Titel erst im Februar des Jahres in Mailand an den Italiener Piero del Papa verloren.

Diesen Fight vor der beeindruckenden Kulisse von über 12 000 jubelnden Fans – darunter wieder viele Frauen – kann man durchaus als Kampf zweier Boxer-Generationen um die Vorherrschaft im Ring interpretieren: Preberg ist achtzehn Jahre älter und wirkt schon rein äußerlich, mit seinen grauen Haaren, viel reifer und gestandener als Charly. Der hat immer wieder zu hören bekommen, er biete auch etwas fürs Auge und habe Qualitäten als Unterhalter – eine Rolle, die er an diesem Abend deutlich überstrapaziert. Fast schon arrogant wirkt es, wie lässig er in den ersten Runden im Ring herumtollt, immer wieder mit den Fans flirtet und sich ganz offensichtlich darauf verlässt, dass er auch diesmal wieder mit ein, zwei schnellen Schlägen für einen K.-o.-Sieg wird sorgen können. Vielleicht sind es die – zumindest aus Charlys Sicht – sagenhaften 3500 Mark Gage, die ihn unvorsichtig werden lassen. Vielleicht ist es das nach sechs Knockouts entstandene Gefühl, unbezwingbar zu sein. Vielleicht ist es auch einfach nur jugendlicher Leichtsinn: Jedenfalls trifft Charly seinen Gegner zwar einige Male, sammelt auch Punkte bei den Ringrichtern, kann aber mit seinen Schlägen keine echte Wirkung erzielen. Und so findet er sich plötzlich in einer für ihn völlig ungewohnten Situation wieder: Runde für Runde wird geboxt, ohne dass eine Entscheidung fällt. So lange hat Charly noch in keinem seiner Profikämpfe zuvor durchhalten müssen; taktische Erfahrung und die Fitness für einen temporeichen Fight über längere Distanz und mehrere Runden hat er, im Gegensatz zu Ivan Preberg, nicht. Der dagegen weiß genau, wie er Charly packen kann. Runde um Runde sieht er zu, wie sein junger Gegner sich verausgabt und wie seine Kräfte schwinden. Damit nimmt Preberg die Hoffnung des deutschen Boxsports regelrecht auseinander. Und zwar gar nicht einmal, weil er so deutlich besser boxt, sondern alleine wegen seiner besseren Kondition. Charly dagegen wirkt umso kraftloser, je länger er seinen finalen K.-o.-Schlag nicht ansetzen kann – Preberg dagegen wird immer leichtfüßiger. Nach der fünften Runde ist Charly völlig außer Puste, und als er nach der Pause wieder aus seiner Ecke kommt, schnappt er immer noch nach Luft. Preberg dagegen wartet einfach ab – und dann, im passenden Moment, schlägt er zu. Mit einer harten Rechten zwingt er Charly auf die Knie. Es ist ein K.-o.-Sieg nach allen Regeln der Boxkunst.

Für mich brach an diesem Abend in Frankfurt eine Welt zusammen. Ich hatte mich körperlich fit gefühlt, aber mir fehlte die Erfahrung. Später hätte ich Preberg ganz sicher auch beherrschen und besiegen können. Doch dieser Fight war vom Trainer und vom Manager eindeutig zu früh angesetzt worden. Aber da gab es eben diese ganze Aufmerksamkeit um den »Ali vom Waldhof«, und die wollten halt das schnelle Geld machen.

Bezahlen dafür musste vor allem ich. Von »geldgeilen Managern«, die mich regelrecht verheizt hätten, schrieb das *Penthouse-Magazin* danach. Aber wirklich trösten konnte mich das nicht – denn die Schlagzeilen der anderen Zeitungen waren viel schlimmer und nagten an meinem Selbstbewusstsein: Ich sei wie ein »Papiertiger« zusammengeklappt, schrieb zum Beispiel die *Bild-Zeitung* und bestärkte mich damit in meinen Selbstzweifeln. Im Taunus, weit weg von meinen Mannheimer Wurzeln, hatte ich monatelang hart gearbeitet und trainiert und zwischendurch immer wieder gegen mein Heimweh nach meiner Mutter und meinen Freunden in den Benz-

Baracken angekämpft. Und als ich jetzt, nach der Niederlage, in ein tiefes seelisches Loch fiel, da zog es mich wieder zurück nach Mannheim. Kurz entschlossen packte ich an einem Abend das Nötigste zusammen, setzte mich in den Zug nach Hause und verkroch mich bei meiner Mutter. Vom Rest der Welt wollte ich nach dieser Schmach nichts mehr sehen und hören. Und vor allem wollte ich nicht, dass mich irgendjemand auf der Straße erkannte und als »Umfaller« beschimpfte.

Für meinen Trainer Wolfgang Müller, aber auch für meinen Arbeitgeber stellte sich die Sache natürlich anders dar. Für die war ich von einem auf den anderen Tag einfach verschwunden, ein unzuverlässiger junger Mann, der sich in Kelkheim weder abgemeldet noch Urlaub genommen hatte. Für meine Sorgen und mein ziemlich angeknackstes Selbstbewusstsein hatten sie keinerlei Verständnis, und der Presse erzählten sie danach auch eine ganz andere Version: Ich sei trainingsfaul gewesen und hätte keine Lust zu harter Arbeit an mir selber gehabt, weil ich nach den ersten sechs Siegen durch K.o. überheblich geworden sei. Das stimmte zwar nicht, doch die Zeitungen schrieben es trotzdem. Und bei niemandem aus dem Boxstall gab es irgendein Zeichen der Einsicht, dass sie vielleicht auch Fehler gemacht hatten. Im Gegenteil: Wolfgang Müller verkündete ein paar Tage nach meiner Niederlage und meiner Rückkehr nach Mannheim gegenüber einem Reporter der *Ruhr-Nachrichten* sogar, er habe mich endgültig abgeschrieben: »Selbst wenn er in den nächsten Tagen wieder auftauchen sollte, schmeiße ich ihn raus. Seinetwegen hängt bei mir der Haussegen schief.« Er behauptete, ich sei schließlich schon vorher dutzendfach tagelang aus dem Trainingscamp verschwunden und hätte Wochenendurlaube immer wieder eigenmächtig verlängert. Kurz: Er, Müller, wolle nun endgültig nicht mehr länger als Fürsorger eines »labilen Muskeljünglings« herhalten müssen.

Das war allerdings eine Ankündigung, die er schnell wieder einkassierte. Denn wenige Stunden vor der Fernsehübertragung des Boxkampfs zwischen Muhammad Ali und dem Argentinier Oscar Natalio Bonavena aus dem Madison Square Garden in New York am 7. Dezember 1970 meldete ich mich wieder bei meinem Trainer. Ich hatte gründlich über alles nachgedacht, und meine Flucht vor den Folgen der Niederlage tat mir wirklich leid. Ich sah ein, dass ich einen Fehler gemacht hatte, und wollte mich bessern, ins Boxcamp im Taunus zurückkehren und hart trainieren, um beim nächsten Kampf wieder als Sieger dazustehen. Denn während ganz Deutschland dem Kampf des Schwergewichtsweltmeisters Muhammad Ali in New York entgegenfieberte, war mir klar geworden, dass ich keine andere Chance als den Boxsport hatte – und ich wollte meinem großen Vorbild, Muhammad Ali, nacheifern und als Sieger, nicht als Verlierer in Erinnerung bleiben. So kehrte ich reumütig zurück in Müllers Boxcamp.

»Wie all die vorangegangenen wurde auch die neueste ›Sünde‹ vergeben«, kommentieren lakonisch die Ruhr-Nachrichten, *»auch ein Müller gibt trotz allen Ärgers die Hoffnung nicht so schnell auf, dass aus seinem störrischsten Pferd im Stall doch noch ein Goldesel im Boxring wird.« Und auch bei Charlys Arbeitgeber setzt sich Wolfgang Müller für seinen Schützling ein: Die Möbelfabrik verzichtet auf die Entlassung des Boxers – weil man auch dort verstanden hat, wie belastend die Niederlage im Oktober für Charly gewesen ist.*

Der Ärger war damit aber noch nicht vorbei. Denn als die Zeitungen meldeten, die Möbelfirma, bei der ich angestellt war, habe mich »statt mit fristloser Kündigung mit der Aussicht auf Lohnerhöhung fürs neue Jahr« empfangen, sorgte das im Betrieb natürlich für erheblichen Unmut: Meine Kollegen regten sich darüber auf, dass ich, der ungelernte Lagerist, auch noch für mein Blaumachen belohnt werden sollte. Ihren Ärger konnte ich gut verstehen: Wie kann man jemandem, der für knapp zwei Wochen einfach verschwindet, auch noch mehr Geld anbieten? Dabei stimmte der Bericht über die angebliche Gehaltserhöhung gar nicht: Es handelte sich mal wieder nur um eine der zahlreichen erfundenen Geschichten, die über mich in Umlauf gebracht wurden und die ich dann hinterher ausbaden musste.
Ich war ja erst achtzehn, und durch solche Erlebnisse im Umgang mit der Öffentlichkeit wurde ich noch unsicherer, als ich es ohnehin schon war – auch wenn ich mir das damals nicht eingestehen wollte.

Ich hatte kaum Erfahrungen mit Reportern, und ein echtes, struktu- riertes Medientraining hatte ich nie gemacht. Dazu kam, dass ich ziemlich leicht zu beeinflussen war – das alles war keine besonders gute Basis für einen souveränen Umgang mit den Journalisten. Die wollten von mir vor allem plakative Storys hören, während ich mir von ihnen gerade zu Beginn meiner Karriere so etwas wie Verständ- nis und Unterstützung erhoffte. Das war natürlich eine völlige Fehl- einschätzung.

Meine Trainer und Betreuer hatten natürlich deutlich mehr Medien- erfahrung: Wenn sie gegenüber den Reportern Hinweise auf meine angebliche Trainingsfaulheit fallen ließen, dann stand ich in den Zeitungen schnell als unzuverlässig da und mein Image war im Kel- ler. Ich selber war regelrecht naiv: Was in der Zeitung stand, konnte ja gar nicht falsch oder gelogen sein, dachte ich mir – und so begann ich nach kritischen Berichten an mir selber und an meinem Willen zum Erfolg zu zweifeln und meine Fähigkeiten und mein Können als Boxer grundsätzlich in Frage zu stellen. Nach schlechter Presse ver- sank ich regelmäßig in einem Motivationsloch voller Selbstzweifel.

Mein Manager Wolfgang Müller und der Promoter Joachim Göttert jedenfalls wollten die Niederlage gegen Ivan Preberg schnell abha- ken und herunterspielen, als Betriebsunfall abtun. Es ging schließ- lich auch um das Geld, das sie in mich schon investiert hatten. Und so organisierten sie für den 2. Januar 1971 den nächsten Kampf- abend. Da sollte ich zwar nicht den Hauptkampf liefern, wohl aber im Rahmen eines »internationalen Box-Groß-Kampftags« im Berliner Sportpalast die Chance haben, das Preberg-Desaster wieder auszu- bügeln.

Skandalöser konnte das deutsche Boxjahr 1971 kaum beginnen. Sechs Kämpfe mit insgesamt 48 Runden waren den 4500 Zuschau- ern im Sportpalast von den Programmplanern versprochen worden, doch nur ein einziger dieser sechs Fights ging über die volle Distanz. Ich sollte erst nach dem Hauptkampf zwischen Jose Manuel Ibar Ur- tain, dem aus Spanien stammenden früheren Europameister im Schwergewicht, und dem Amerikaner Everett Copeland in den Ring und wurde deshalb vor meinem Auftritt Zeuge dieser denkwürdigen Begegnung. Denn Copeland, der eigentlich zwei Jahre zuvor schon

46

seine Boxlizenz zurückgegeben und seither keine Kämpfe mehr bestritten hatte, gab sich nur eine Runde lang Mühe, wie ein Profisportler auszusehen. Danach beschränkte er sich nur noch darauf, irgendwie die Zeit bis zur nächsten Pause zu überstehen. Die Zuschauer fühlten sich um die erhoffte deftige Auseinandersetzung und um ihr Eintrittsgeld betrogen und reagierten empört: »Schiebung! Schiebung!«, brüllten sie zu Tausenden im Sportpalast, und die Stimmung wurde immer aggressiver. Der Delegierte des Bundes Deutscher Berufsboxer, der die Veranstaltung überwachte, sah sich das eine Zeit lang an – und schickte nach der dritten Runde schließlich erbost den Ringrichter zu Copeland. Der solle doch, bitteschön, endlich ernsthaft kämpfen, lautete die klare Ansage an den Mann, der es ganz offensichtlich nur darauf abgesehen hatte, die versprochene Börse von 1250 Dollar einzukassieren. Doch Copeland dachte gar nicht daran, dieser Forderung nachzukommen: Zehn Sekunden nach Beginn der vierten Runde landete ein harmloser linker Haken von Urtain irgendwo in der Luft vor ihm. Da ließ sich Copeland wie vom Blitz getroffen auf den Bauch fallen und rührte sich minutenlang nicht mehr. Der Betrug durch den Amerikaner, der mehr als siebzehn Kilo schwerer war als Urtain, war so offensichtlich, dass die Kampfrichter gar nicht anders entscheiden konnten: Everett Copeland wurde wegen »Vortäuschung eines K.o.« disqualifiziert, seine Gage gesperrt, Urtain zum Sieger erklärt.

Copeland wurde von offiziellen Beobachtern am Ring nicht nur als »Fallobst«, sondern als »Abfallobst« beschimpft. Reporter regten sich über die »Schmieren-Komödie« auf, während Copelands Manager auf Distanz zu seinem Schützling ging, ihm eine schlechte Berufsauffassung vorwarf und den Vorfall damit erklärte, dass sich Everett Copeland zwei Abende zuvor, an Silvester, in verschiedenen Berliner Etablissements sinnlos betrunken habe, erst frühmorgens ins Hotel zurückgekommen sei und im Übrigen Tabletten im Spiel waren. Ein Werbeabend für den professionellen, seriösen Boxsport war das ganz sicher nicht.

Und dann, in diese aufgeheizte und aggressive Stimmung hinein, kündigte der Hallensprecher den nächsten Kampf des Abends an: mein Fight gegen Macan Keita, geboren in Guinea. Für Keita war es trotzdem ein Kampf vor heimischer Kulisse: Er lebte schon seit Jahren in Berlin, hatte hier Fuß gefasst und war seit 1967 als halbwegs erfolgreicher Berufsboxer unterwegs. Angesetzt war dieser Kampf eigentlich auf vier Runden, es sollte ja schließlich nur ein attraktiver Schlusspunkt für das Programm an diesem Abend werden. Doch nach den ganzen Ereignissen vorher bekam unser Fight plötzlich eine ganz andere Bedeutung: Mein Gegner und ich hatten nun auf einmal die Aufgabe, das unzufriedene Publikum versöhnlich zu stimmen und ihm einen Ausgleich zum skandalösen Hauptkampf zu liefern. Denn die Zuschauer hatten bereits begonnen, in Sprechchören ihr Eintrittsgeld zurückzufordern – und der Veranstalter wurde spürbar nervös.

Nach kurzer Absprache mit dem Promoter verkündete der Ringsprecher, unser Kampf werde nun sechs Runden dauern statt der ursprünglich geplanten vier. Dem wollte mein Trainer und Manager Wolfgang Müller jedoch nur gegen eine höhere Gage zustimmen – schließlich waren ursprünglich ja auch nur vier Runden ausgemacht gewesen. Ansonsten, so teilte Müller dem Ringrichter und dem Veranstalter mit, würde er mich nach vier Runden aus dem Kampf nehmen. Der Fight begann, und die Verhandlungen zogen sich hin – das bekam ich in den Ringpausen immer wieder mit, wenn ich in meine Ecke zurückkehrte. Immerhin hatte ich es geschafft, das aufgeheizte Publikum mit meinem schnellen Stil auf meine Seite zu ziehen und wieder zu beruhigen. Das ganze Drumherum, der Streit zwischen meinem Management und dem Veranstalter, alles das konnte mich nicht beirren und ich beherrschte Macan Keita von Anfang an klar. In der zweiten Runde schickte ich Keita sogar auf den Boden, und auch die Punktrichter sahen mich eindeutig vorne. So kämpften wir vier Runden lang – bis es ein Problem gab. Denn nach der vierten Runde kam der Veranstalter Joachim Göttert in unsere Ecke und forderte mich zum Weitermachen auf, ich hätte das Publikum schließlich schon beruhigt und den verkorksten Kampf vorher vergessen gemacht. Das sollte ich doch noch zwei weitere Runden lang fortführen. Doch mein Trainer Müller verlangte weiterhin mehr Geld, schließlich standen im Vertrag für diesen Abend nur vier Runden. Während sich die beiden stritten, tobte die ganze Halle. »Weiterboxen, weiterboxen!«, forderte der Veranstalter mich auf, er drängelte und bettelte. Gleichzeitig aber befahl mir der Trainer: »Bleib sitzen!« Was sollte ich tun? Ich wusste es nicht. Eigentlich konnte ich mich so oder so nur falsch entscheiden. Also überlegte ich, was das kleinere Übel war. Ich dachte an den Vertrag, den wir über einen Vier-Runden-Kampf abgeschlossen hatten, und blieb in meiner Ecke, als der Ringrichter die fünfte Runde einläutete. Es kam, wie es kommen musste: Unter gellenden Pfiffen der Zuschauer und trotz der haushohen Führung nach Punkten wurde ich disqualifiziert und Macan Keita zum Sieger erklärt. Meine Börse bekam ich auch nicht ausbezahlt, weil ich angeblich den Vertrag gebrochen hatte. »Beim Kampftag stellte der Mannheimer Charly Graf nach vier Runden das Boxen ein – nicht, weil er nicht mehr konnte, sondern weil er den Gegenwert seiner Gage abgeliefert zu haben glaubte«, schrieb daraufhin *DIE WELT* in ihrem Bericht aus dem Sportpalast.

Wieder einmal fühlte ich mich den Medien und der unfairen Berichterstattung schutzlos ausgeliefert: Über den Streit um die Zahl der Runden stand nichts in der Zeitung, stattdessen wurde ich als Verweigerer und Vertragsbrecher vorgeführt. So entstand in der Öffentlichkeit Schritt für Schritt ein Image, das mich als extrem launisch, sensibel und unzuverlässig charakterisierte – und dem ich mich gleichzeitig immer weniger entziehen konnte. Dass ich fünf Wochen nach der Berliner Skandal-Veranstaltung wieder auf Macan Keita traf, dass ich ihn bei diesem Revanche-Kampf in Frankfurt klar nach Punkten besiegte, das wurde in den Medien kaum noch beachtet. Das interessierte niemanden mehr und daraus zog ich meine Schlüsse: Echte Freunde gab es in der Welt des Boxens nicht. Richtige Kumpels konnte ich nur in Mannheim finden, in der Welt, in der ich aufgewachsen war. Gleichzeitig aber war ich nicht selbstbewusst genug, um mich abzugrenzen von meinen ständigen Begleitern rund um den Ring, die mir immer wieder sagten, was ich tun und was ich lassen sollte. Ich war ja schließlich der Außenseiter aus einem üblen Viertel in Mannheim. Und die anderen waren diejenigen, die wussten, wie man durch Boxen zu Ruhm, Anerkennung, Erfolg und Geld kam. So gesehen waren die Rollen klar verteilt: Alleine hätte ich mich in der Boxszene gar nicht zurechtgefunden. Ich war auf meinen Trainer, meinen Manager und die anderen Leute um mich herum angewiesen.

So zogen sich die nächsten Monate hin – mit endlosen Trainingstagen im Bad Sodener Boxcamp, die bis zum Herbst 1971 nur unterbrochen wurden durch Kämpfe gegen Henri Ferjules (Martinique), Mohamed Hassan (Ägypten), Burghard Lembke (Deutschland) und Horst Dreyer (Deutschland). Dreimal siegte ich nach Punkten, gegen Horst Dreyer gewann ich nach K.o. in der fünften Runde. In meinen ersten beiden Jahren als Profi war ich damit bei dreizehn Kämpfen elfmal siegreich aus dem Ring gestiegen, sieben Mal davon durch vorzeitigen K.o. meines Gegners – eine wirklich gute Bilanz für einen gerade erst zwanzigjährigen Nachwuchsboxer.

Dass zur selben Zeit in der Bundesrepublik die Terrorgruppe »Rote Armee Fraktion« Strategiepapiere mit Titeln wie »Das Konzept Stadtguerilla« veröffentlicht, den bewaffneten Kampf in Deutschland und Europa und damit auch die Ermordung von Vertretern des Staatssystems postuliert, bekommt Charly dagegen kaum mit. Wahrscheinlich wäre ihm das alles auch viel zu hochgestochen und verquast vorgekommen. So heißt es im »Konzept Stadtguerilla«: »Stadtguerilla machen heißt, den antiimperialistischen Kampf offensiv führen. Die Rote Armee Fraktion stellt die Verbindung her zwischen legalem und illegalem Kampf, zwischen nationalem und internationalem Kampf, zwischen politischem und bewaffnetem Kampf, zwischen der strategischen und der taktischen Bestimmung der internationalen kommunistischen Bewegung. Stadtguerilla heißt, trotz der Schwäche der revolutionären Kräfte in der Bundesrepublik und Westberlin hier und jetzt revolutionär intervenieren!« Während einer bundesweiten Fahndungsaktion nach insgesamt fünfzig RAF-Mitgliedern wird am 15. Juli 1971 die zwanzigjährige Petra Schelm in Hamburg erschossen. Ihr Tod führt in der Bevölkerung zu einer regelrechten Sympathiewelle für die RAF – und dazu, dass Unterstützer der Gruppe sich immer weiter aus der Gesellschaft entfernen und Schritt für Schritt in die Illegalität abtauchen. Dass Charly mehr als zehn Jahre später einmal enge Freundschaft mit einem der aktiven RAF-Mitglieder schließen wird, kann er damals noch nicht ahnen.

Mir waren diese System-Diskussionen ziemlich egal. Natürlich bekamen wir mit, dass es da diese Terroristen gab, die mit Gewalt gegen den Staat kämpften und auch vor Morden nicht zurückschreckten, und natürlich hörten wir auch die Berichte über die Fahndungen oder wenn sie mal wieder jemanden verhaftet hatten. Aber ich wollte eigentlich nur boxen, Geld verdienen und Spaß haben. Der Spaß stand phasenweise sogar im Vordergrund: Zusammen mit Bekannten aus dem Milieu zog ich durch Kneipen und Bars, durch Bordelle und illegale Spielcasinos, durch die Frankfurter und die Mannheimer Halbwelt. Da war ich nun endlich ein Star, den alle kannten und bewunderten – genau das, wovon ich als kleiner Junge und Jugendlicher wieder und wieder geträumt hatte. Und natürlich war es viel schöner, sich abends im Kreis der Bewunderer in einer stadtbekannten Bar zu zeigen und von etlichen Frauen angehimmelt zu werden, als sich schwitzend und keuchend in einer stickigen Trainingshalle abzurackern. So viel Selbstdisziplin hatte ich einfach nicht gelernt. Mir war nicht klar, dass ich selber ganz viel tun musste, um meine riesige Chance auf eine tolle Karriere auch zu nutzen. Ich dachte, alles läuft von selbst – natürlich ein großer Irrtum. Dabei schien die Zeit für mich zu sprechen, denn die deutsche Boxszene in ihrer damaligen »Bankrott-Atmosphäre«, wie das *Hamburger Abendblatt* schrieb, hätte einen neuen, strahlend hellen Stern gut gebrauchen können.

Der deutsche Schwergewichtsmeister Horst Benedens saß nämlich in Untersuchungshaft und war dadurch zumindest zeitweise ausgeschaltet. Ich hätte nach meinen bisherigen Erfolgen aus sportlicher Sicht durchaus Anspruch erheben können auf den Titel – wenn da nicht mein »gefährlicher Hang zum Halbwelt-Milieu« gewesen wäre, den die *Frankfurter Rundschau* für meine Trainingsfaulheit verantwortlich machte. Damals fand ich, dass diese Einschätzung eine bodenlose Frechheit war. Heute weiß ich, da war was Wahres dran.

Kontakt zu Freunden mit zweifelhaften Einkommensquellen hatte ich schon vorher in Mannheim gehabt. Und in den späten 1960er, frühen 1970er Jahren war auch die Boxszene nicht gerade eine Ansammlung von Chorknaben: An Kampfabenden drängten sich am Ring regelmäßig Zuhälter, Zocker und andere zwielichtige Zeitgenossen. Hier hatte ich zum ersten Mal mit Menschen zu tun, die richtig tief ins Milieu verstrickt waren. Hier wurde meine Kraft geschätzt, weil ich mir damit nicht nur im Ring, sondern auch bei Auseinandersetzungen in der Szene schnell und nachhaltig Respekt verschaffen konnte. Partys wurden nicht selten danach beurteilt, wie viele Dutzend Jahre Knast da an einem Abend zusammengekommen waren. Und immer wieder gab es spektakuläre Vorfälle wie die Verhaftung des deutschen Schwergewichtsmeisters Horst Benedens im Herbst 1971.

Benedens, zwei weitere Berliner Boxer und ein Promoter werden nach einer kuriosen Auseinandersetzung von der Polizei eingebuchtet. Boxveranstalter Willy Zeller, der auch ein Pelzgeschäft besitzt, vermisste eines Tages mehr als fünfzig wertvolle Pelze. Statt den Diebstahl durch die seiner Meinung nach zu lasch arbeitende Polizei aufklären zu lassen, setzt der Promoter lieber eigene, »bewährte« Kräfte auf den Fall an: Mit »erschütternder Brutalität« und folterartigen Methoden hätten die mit Zeller befreundeten Boxer mehrere Verdächtige dazu gebracht, Namen von Beteiligten und Hintergründe des Pelzmantel-Diebstahls zu verraten, berichtet DIE ZEIT. So nehmen sie sich etwa den Geschäftsführer eines West-Berliner Tanzlokal namens »Sit in« in Friedenau vor: Nach etlichen Boxhieben, Tritten, Tiefschlägen, bei denen sein Kopf mehrfach gegen ein Waschbecken kracht, bis sein ganzes Gesicht aufgeplatzt ist und blutet, gibt der Mann seine Beteiligung zu. Und eine Sechzehnjährige, die das alles zufällig mitbekommt, wird als vermeintliche Freundin und Mittäterin ebenfalls in die Zange genommen. Das Resultat: Verdacht auf Milzriss. Erst regiert das Faustrecht, dann werden die Diebe von der Schlägerbande an die Polizei übergeben – die aber setzt die prügelnde Truppe des Promoters gleich mit fest. In der Untersuchungshaft landen neben Horst Benedens unter anderem auch der Europameister im Halbschwergewicht, Konrad »Conny« Velensek – der schon drei Mal gegen Macan Keita gewonnen hat und sich gerne mit dem Motto »Ein Kampf sagt mehr als tausend Worte« brüstet –, der Boxprofi Frank Reiche – der ein paar Jahre später Deutscher Mittelgewichts-Meister werden wird – und der ehemalige Profi im Weltterge-

wicht, Peter Michalski. Sie alle stehen schließlich im April 1972 als Angeklagte vor dem Berliner Landgericht, und die Liste der Vorwürfe ist lang: Freiheitsberaubung, Nötigung, Amtsanmaßung, Hausfriedensbruch, gefährliche Körperverletzung. »Die amtlichen Ankläger kamen beim Katalogisieren sämtlicher Rohheits- und Anmaßungs-Delikte von Zellers glorreichen Sieben auf immerhin siebzehn selbständige strafbare Handlungen«, *schreibt* DER SPIEGEL *beeindruckt,* »doch wer nun wirklich wann, warum und womöglich gar zuerst geschlagen hat, ist wegen des Konglomerats widersprüchlicher Bekundungen nicht immer klar auszumachen. Ex-Europameister Velensek zum Beispiel ist sich sicher, dass er ›nicht ein einziges Mal tätlich geworden‹ ist. Die Ermittler hingegen glauben, zumindest bei jener Episode, wo es im West-Berliner Kontakt-Hotel ›Nobel‹ gar nicht nobel zugegangen war, das Gegenteil beweisen zu können. Dort nämlich hatte es gleichfalls im Dezember 1970 Streit gegeben mit einem Mann, Schachtmeister von Beruf, der sich den eigenen Whisky nicht austrinken lassen wollte. Eskalation laut kriminalpolizeilichen Ermittlungen: Die angeschuldigten Michalski und Benedens versetzten dem Mann mehrere Faustschläge gegen Gesicht und Körper, Velensek hielt den Gast fest. Zeller trat ihn mehrmals mit den beschuhten Füßen in den Unterleib, und alle Angeschuldigten schlugen den Kopf des Mannes mehrfach gegen einen Wandpfeiler, so dass der Geprügelte fünf Zähne aus dem Oberkiefer verlor, Platzwunden, Blutergüsse und Prellungen davontrug.«*

Auseinandersetzungen, wie sie im Boxmilieu der frühen 1970er Jahre nicht unüblich sind: »Übel, so ermittelte die Kripo, erging es auch einem gewissen Dieter Jagdmann, der – offenbar gut im Bilde – dem Pelz-Zeller damals im Dezember die Wiederbeschaffung der gestohlenen Ware gegen zehn Prozent des Nominalwertes angeboten hatte, von der Zeller-Familie aber samt zwei Komplizen der Polizei übergeben wurde. Als Jagdmann, nach Vernehmung wieder frei, zurückkehrte und nun 25 Prozent forderte, machten ihn, laut Kripo-Ermittlungen, ›Schläge ins Gesicht‹ auch ohne Bares gefügig. Jagdmann führte die Zellers (Motto: ›Wir verkaufen Ihnen die besten Pelze, aber nicht zum teuersten Preis‹) zu Hehlern und Aufkäufern. Der Polizei blieb nur noch übrig, nach Zellers telefonischen Hinweisen bereits* *von der Boxer-Clique durchkämmte Wohnungen zu durchsuchen, Zellen bereitzuhalten oder für zügigen Abtransport Verletzter zu sorgen.«*

Diese Art der Auseinandersetzung war damals in der Szene keine Ausnahme. Immer wieder waren Boxer, insbesondere bei den Profisportlern, in kriminelle Aktionen verwickelt. Wer wie ich relativ unbefangen in dieses Milieu hineingeriet, hatte kaum eine andere Chance, als selber straffällig zu werden. Zwar endeten nicht alle Auseinandersetzungen vor Gericht und damit auch in den Medien, aber gerade solche Vorfälle, über die in den Zeitungen berichtet wurde, waren bei uns im Boxcamp und in den Trainingsgruppen natürlich Tagesgespräch. Und da man sich in der Szene zumeist persönlich kannte, ließen uns die Ereignisse nie völlig kalt. Erst recht nicht, wenn es um die richtig harten Auseinandersetzungen ging. So wie damals in Berlin.

Zu dieser Kategorie gehört zweifellos eine Geschichte, die nicht nur in der Welt der Profiboxer, sondern weit darüber hinaus für erhebliches Aufsehen sorgt und in der der ehemalige Boxer Klaus Speer eine zentrale Rolle spielt. Speer, 1944 geboren, ist zwar nur als Boxamateur aktiv gewesen, hat sich aber in der Szene Anerkennung erarbeitet, weil er eine Zeit lang Trainingspartner des Argentiniers Oscar »Ringo« Bonavena war – ein Schwergewichtler, der bereits gegen so klangvolle Gegner wie Joe Frazier, Karl Mildenberger, Muhammad Ali und Norbert Grupe, besser bekannt als »Prinz von Homburg«, im Ring gestanden hat. Bonavena wird im Mai 1976 unter dubiosen Umständen im größten Bordell Nevadas, der »Mustang Ranch«, erschossen – möglicherweise, weil er eine Affäre mit der Frau des Bordellbesitzers hatte. Zu seiner Beerdigung in Argentinien kommen 150 000 Trauergäste. Wer als Sparring-Partner einer solchen Boxgröße agiert hat, auf den färbt natürlich der Ruhm des Stars ein bisschen ab – und das kommt Speer bei seinen Geschäften im Berliner Rotlicht-Milieu sicher zugute, schließlich hat er den Ruf, nicht gerade ein verweichlichter Feigling zu sein und gerne mal hinzulangen.
1970 hat in dem von Speer kontrollierten Kiez eine persische Bande damit begonnen, die deutschen Zuhälter aus dem Straßenstrich her-

auszudrängen. Regelrechte Verteilungskämpfe sind die Folge, es geht um die Kontrolle über Nachtbars, Spielclubs und leichte Mädchen. Ein erstes Treffen zwischen beiden Gruppen Mitte Juni 1970, mit dem der Zwist eigentlich beigelegt werden soll, endet in einer Messerstecherei. Ein zweites Treffen wird für den 27. Juni geplant, abends um viertel vor zehn im Restaurant »Bukarest« in der Bleibtreustraße, angeblich zur Versöhnung. Vorher jedoch ist Speer noch einmal eigens nach Frankfurt geflogen – und trifft dort, wie er später vor der Polizei aussagt, »zufällig« ein paar Freunde aus der Boxszene. Die wollen – ebenfalls rein zufällig, versteht sich – ohnehin gerade mal nach Berlin fliegen, um dort in einigen Szene-Etablissements durch ihre Anwesenheit Eindruck zu schinden.

Und so sind sie – »zufällig« – zusammen mit Speer an diesem Samstagabend im »Bukarest« gelandet und haben, wie DER SPIEGEL notiert, »Revolver im Schulterhalfter, Maschinenpistolen in der Aktentasche« und einen wachen Blick auf alle Personen, die sich dem Restaurant nähern. Pech nur, dass auch die Unterhändler der persischen Bande nicht alleine kommen: Die rumänischen Spezialitäten werden gerade aufgetischt, »als – vom Lokal aus sichtbar – draußen auf der Straße eine andere Gruppe korrekt gekleideter Herren, acht oder zehn Männer mit dunklen Haaren und dunklem Teint, einem Mercedes und einem Volkswagen entstieg. Und Sekunden später glich die sonst so stille Bleibtreustraße abseits des Kurfürstendamms der Szenerie eines Gangster-Films aus dem Chicago der zwanziger Jahre«, berichtet DER SPIEGEL. Minutenlang knattern MP-Salven über die Straße, Revolverschützen verschanzen sich hinter Autos und in Hauseingängen, und als die Polizei später den Tatort untersucht, findet sie nicht nur einen Toten und drei schwer verletzte Mitglieder der persischen Zuhälterbande, sondern auch sieben zerschossene Autos, eine Walther-Maschinenpistole vom Typ P 40 und zwei Handfeuerwaffen. Schnell macht der Berliner Volksmund die Bleibtreustraße daraufhin zur »Bleistreustraße«. Das alles sei jedoch keinesfalls so geplant gewesen, beteuert Speer später vor Gericht: Er sei in die Streitereien in seinem Leben »immer nur so hineingeschliddert« – ein blöder »Zufall«, auch diesmal wieder. Und auch dass der mutmaßliche MP-Schütze, ein im Frankfurter Bahnhofsviertel unter dem Spitznamen

»Stümmler« einschlägig bekannter Tscheche, sich erst in Köln versteckt und sich dann bei seiner Festnahme noch ein Feuergefecht mit der Polizei liefert: wieder so eine unerklärliche Zufälligkeit. Siebzig Zeugen werden in dem mehrmonatigen Prozess befragt, etliche von ihnen mit Kontakten in die Boxszene – und am Ende werden Speer und sieben seiner Komplizen wegen Bildung eines bewaffneten Haufens, unbefugten Waffenbesitzes und Raufhandels verurteilt. Speer bekommt 27 Monate, eröffnet nach seiner Knastzeit eine Boxschule und kümmert sich als Promoter um Box-Veranstaltungen. 1993 wird es dann noch einmal einen Prozess gegen Klaus Speer geben, der ihm weitere fünfeinhalb Jahre Gefängnis einbringt.

Doch zu diesem Zeitpunkt hatte ich längst keinen Kontakt mehr zum kriminellen Halbweltmilieu der Boxszene mit so illustren Figuren wie »Pistolen-Manne«, »Pickel-Bodo« oder »Bagdad-Eddy«. Weil ich dieses Umfeld in meiner aktiven Zeit als Profiboxer so genau kennengelernt hatte, ging ich auf Distanz – allerdings erst, nachdem ich zuvor fast ein Jahrzehnt meines Lebens im Gefängnis vergeudet hatte.

Doch so weit war es Anfang der 1970er Jahre noch nicht gekommen. Im Gegenteil, mein Leben schien in halbwegs geregelten Bahnen zu laufen: Im Herbst 1971 musste ich zur Bundeswehr einrücken. Nach der Grundausbildung war ich relativ schnell zur Sportfördergruppe im Versorgungsbataillon Mainz-Hechtsheim versetzt worden – der übliche Weg der Bundeswehr, um Profi-Sportlern dabei zu helfen, ihre Karriere auch während der Dienstzeit fortsetzen zu können. Verbunden war dieser Posten mit vergleichsweise viel Freizeit, die ich dann, so die Idee der Sportförderung, zum ausgiebigen Training nutzen könnte. Doch manchmal waren mir die Nachmittage und Abende mit meinen Mannheimer Kumpels wichtiger als die Trainingseinheiten bei Wolfgang Müller – und dies nutzte der Trainer sofort aus, um sich wieder in den Medien zu präsentieren.

Müller erzählt den Journalisten gerne eine, wie er sagte, typische Anekdote: Charly habe ihm zugesagt, an einem Samstag nach dem Dienst in der Kaserne nach Kelkheim zum Training zu kommen. Der eigens organisierte Fahrer habe mit dem Wagen am Kasernentor ge-

wartet, doch »Ali vom Waldhof« sei nicht gekommen – weil er ver-
schlafen habe. Dass er geweckt und an seine Trainingsverabredung
erinnert wurde, passte dem Boxer, so Müller, aber auch nicht. Der
Wagen fuhr ohne Charly zurück, die Übungseinheiten im Ring fielen
aus. Und so kommt es, dass der Manager die Notbremse zieht: Weil
Charly nach seinem Sieg gegen Horst Dreyer Ende Oktober in Köln
kaum noch zum Training erscheint, weigert sich Wolfgang Müller,
seinen Schützling bei einem am 3. Dezember 1971 in Frankfurt ge-
planten Kampfabend in den Ring zu schicken. »Ich könnte ihn in sei-
ner derzeitigen Verfassung wieder nur zu sechs Runden und gegen
einen mittelmäßigen Gegner antreten lassen«, erklärt der Trainer und
Manager in einem Interview. Im Klartext: Für einen temporeichen
Kampf, gar für eine Herausforderung im Hinblick auf einen Meisterti-
tel sei Charly einfach nicht fit genug. Und Müller schiebt noch eine
bissige Bemerkung hinterher: »Ich glaube, wir können Charly für den
Boxsport abschreiben« – eine Feststellung, die wohl vor allem als Pro-
vokation für sein Sorgenkind im Boxstall gedacht ist und die Charlys
Widerspruchsgeist wecken soll. Denn ein gutes halbes Jahr später
organisiert Müller dann doch den nächsten Kampf für seinen Schütz-
ling.

Natürlich hatten mich Müllers Aussagen provoziert und geärgert, und
ich wollte ihm und aller Welt beweisen, dass ich doch noch der Alte
war – ein Boxer, den seine Gegner fürchten mussten. Mein nächster
Fight war für den 7. Juli 1972 angesetzt und sollte in der Nähe von
Fulda stattfinden. Der Gegner: Manfred Ackers. Der stellte sich selber
gerne als der »meistbeschäftigste Berufsboxer Europas« dar. Aber
was war das für eine Karriere, auf die er da zurückblickte: Von seinen bis dahin 61 Profikämpfen hatte Ackers sage und schreibe fünfzig verloren – ein allzu schwerer Brocken würde er für mich wohl
nicht werden, hoffte ich. Und das war mir, ehrlich gesagt, auch ganz
recht, denn während der Vorbereitungszeit hatte es ein paar Dinge
gegeben, die mich in meiner Konzentration schon ziemlich gestört
hatten.
Ein paar Wochen zuvor hatte meine Freundin Margot erheblichen
Ärger bekommen, weil ihr Vater nämlich erfahren hatte, dass seine

Tochter mit einem Farbigen zusammen war. Kurzerhand schmiss er sie wutentbrannt aus der Wohnung. Sie arbeitete in einem Friseurladen und war meine erste große Liebe, und es war für sie ganz bestimmt nicht leicht, in der damaligen Zeit zu einem schwarzen Freund zu stehen. Mehr als einmal wurde sie dafür ausgelacht, beschimpft oder beleidigt, und weil sie natürlich ihre Eltern kannte, hatte sie ihnen lange Zeit nichts von unserer Beziehung erzählt. Wie berechtigt diese Haltung war, zeigte sich jetzt, als sie wegen des Kontakts zu mir zu Hause rausflog. Zu dem Zeitpunkt war ich ja bei der Bundeswehr, und als ich in der Kaserne davon erfuhr, ging ich sofort zu meinem Kompaniechef, um ihm von dem Problem zu berichten. Ich bat ihn, mir ein paar Tage freizugeben, damit ich zusammen mit Margot eine Wohnung suchen könnte. Doch der Vorgesetzte lehnte das ab, was ich nicht akzeptieren konnte und wollte. Also verließ ich die Kaserne einfach ohne Erlaubnis. Ich hatte das Gefühl, Margot beistehen zu müssen, und da konnte ich auf die strengen Regelungen der Bundeswehr keine Rücksicht nehmen. Fast einen Monat lang zogen Margot und ich durch Mannheim, schliefen mal hier und mal dort, fanden Unterkunft bei Freunden und Fremden. In dieser Zeit suchten wir nach einer neuen, dauerhaften Bleibe. Aber unsere zunehmend verzweifelten Versuche, eine Wohnung für uns beide zu finden, scheiterten immer wieder, weil kein einziger Vermieter bereit war, einem jungen, unverheirateten Paar eine Wohnung zu überlassen. Und meine Hautfarbe half uns dabei auch nicht gerade. Selbst wenn ich schon vorher telefonisch alles mit dem Vermieter geklärt hatte – spätestens beim ersten persönlichen Treffen konnten wir gegen den weit verbreiteten alltäglichen Rassismus nichts mehr ausrichten. Und noch ein anderer Druck lastete in diesen Wochen auf uns: Während unserer Odyssee durch Mannheim wurde ich wegen meiner Fahnenflucht natürlich permanent von Feldjägern gesucht. Die schauten fast täglich auch bei meiner Mutter in den Benz-Baracken vorbei, trafen mich dort aber zum Glück nie an. Ich versuchte deshalb, die Siedlung komplett zu meiden, weil ich Angst hatte, dort meinen Verfolgern von der Militärpolizei in die Arme zu laufen. Für einen wie mich, der in Mannheim bekannt war wie ein bunter Hund, war es ganz schön schwierig und zermürbend, sich ständig verstecken zu müssen. Eines Tages hatte ich die Schnauze davon voll. Ich fasste den Entschluss aufzugeben, in die Kaserne zurückzukehren und mich den Konsequenzen zu stellen, denn ich war das wochenlange Wegrennen einfach leid. Um ein paar Kleidungsstücke einzupacken, ging ich noch kurz in der Siedlung vorbei – und als ich gerade unter den vorwurfsvollen Blicken meiner Mutter die Tasche verschnürte, klingelte es an der Tür.

Die Feldjäger! Hatten sie mich also zum Schluss doch noch erwischt! In aller Eile überlegte ich, ob es eine Möglichkeit gab, durch das Fenster der Baracke zu türmen. Doch da öffnete meine Mutter schon die Tür und ließ zwei Männer in Zivil herein. Ich war verwirrt: keine Feldjäger? Es waren der *Bild*-Reporter Paul Palmert und ein Fotograf. Ob ich denn wisse, dass ich wegen meiner Flucht massiv gesucht werde, fragte mich Palmert. Ja klar, antwortete ich, genau davon hätte ich jetzt nach mehreren Wochen genug. Deshalb sei ich ja gerade auf dem Weg zurück in die Kaserne, um mich zu stellen. Diese Antwort brachte den Reporter fast aus der Fassung: Das solle ich doch um Himmels willen nicht tun, dann würde ich ja sofort verhaftet werden! Und damit sei der Kampf gegen Manfred Ackers in Gefahr, der drei Wochen später angesetzt war! Ich verstand kein Wort. Was wollte Palmert von mir? Sollte ich mich etwa weitere drei Wochen lang verstecken, immer auf der Flucht vor den Feldjägern? Trainieren würde ich unter diesen Bedingungen bestimmt nicht können. Doch Paul Palmert, den der *Bild*-Sportchef Max Pietsch später einmal als »den heißesten Reporter, den ich kennengelernt habe«, bezeichnete, hatte einen ganz anderen Vorschlag. Normalerweise berichtete Palmert über die Fußballer von Eintracht Frankfurt, doch sein Interesse galt auch immer wieder mal dem Boxsport. So hatte er ein paar Jahre zuvor, als Muhammad Ali im Waldstadion gegen Karl Mildenberger geboxt hatte, sogar Kontakte zum Weltmeister aufgebaut. Und hier, in der heruntergekommenen Ein-Zimmer-Wohnung, in der ich aufgewachsen war, erklärte er mir seine Idee von der nächsten großen Box-Story: Statt mich zu stellen und damit zu riskieren, dass der Kampf ins Wasser fiel, sollte ich – und das sei auch mit meinem Manager so abgesprochen – doch einfach auf Kosten der *Bild*-Zeitung in einem Hotel untertauchen und mich dort in Ruhe auf den

Fight vorbereiten. Im Gegenzug würde das Blatt exklusiv über die ganzen Verwicklungen und den Kampf gegen Ackers berichten. Palmert bot mir sogar noch ein zusätzliches Honorar an, wenn ich einwilligte – und das tat ich natürlich sofort.

Noch am gleichen Tag wurde ich von den Journalisten zusammen mit meiner Freundin ins Hilton-Hotel nach Mainz gebracht. Täglich kam ein Reporter vorbei, schaute beim Training zu oder wollte Storys aus unserem Alltag hören. So stellte die Zeitung sicher, dass ich nicht doch noch von Reue gepackt wurde, in die Kaserne zurückkehrte und damit die ganze Sache gefährdete. Aber auf die Idee kam ich gar nicht, schließlich wurden wir da im Hotel bestens versorgt, und Geld verdiente ich auch noch. Ich hielt mich an die Vereinbarungen – und am 7. Juli tauchte ich dann in Edelzell bei Fulda auf und besiegte Manfred Ackers nach Punkten. Der ganze Kampf fand in einem Kirmeszelt statt und war nur als Rahmenprogramm für einen Fight von Rüdiger Schmidtke, dem deutschen Meister im Halbschwergewicht, gedacht. Er dauerte auch nur vier Runden, doch für mich war es so etwas wie ein kleines Comeback. Schließlich hatte ich zuvor fast ein dreiviertel Jahr nicht mehr im Ring gestanden. Die eher bescheidenen Bedingungen hielten jedoch die *Bild am Sonntag* nicht davon ab, zwei Tage später mit einer großen, herzergreifenden Geschichte herauszukommen. Auf einer Doppelseite präsentierte Reporter Paul Palmert seine »schwarz-weiße Love-Story in Deutschland«, in der sich Margot und ich zu unserer Verlobung bekannten und in der eine dramatische Version der vergangenen Wochen erzählt wurde: Wir hätten auf der Flucht vor den Feldjägern in Wäldern und Parkanlagen übernachten müssen, immer in der Angst, von unseren Häschern geschnappt zu werden, und in der Sorge, dass dann der von mir so lang ersehnte Kampf nicht hätte stattfinden können. Dazu gab es ein Foto von uns beiden auf einer Parkbank – dass die in Wirklichkeit in der Anlage hinter dem Mainzer Hilton stand, wurde natürlich nicht erwähnt. Ein paar Tage lang bekam ich daraufhin Briefe voller Mitgefühl, und mancher Absender legte sogar noch einen Fünf- oder Zehnmarkschein für den vom Schicksal vermeintlich so gebeutelten Boxer dazu, mit der Anmerkung: »Damit Sie sich endlich einmal satt essen können.« Das war ein richtiger Clou!

Am Tag nach dem gewonnenen Kampf brachten die Reporter mich dann wieder zurück zur Kaserne. Sie fotografierten noch, wie ich durch das Tor auf das Bundeswehrgelände ging. Gleich an der Wache wurde ich wegen eigenmächtiger Abwesenheit von der Truppe verhaftet; im Wehrstrafgesetz wurden für ein solches Vergehen ein Disziplinarverfahren und eine Freiheitsstrafe von bis zu drei Jahren angedroht. Und wie würden erst meine Vorgesetzten reagieren, wenn ihnen klar würde, dass alles ein abgekartetes Spiel war und die *Bild*-Zeitung dahintersteckte. Auch wenn ich es mir an diesem Morgen noch nicht eingestehen wollte, war mir längst klar: Die spannenden Momente draußen, die Vorbereitung auf den Kampf, die Freiheit – das alles würde jetzt erst einmal eine Zeit lang vorbei sein. Wann ich meine Verlobte Margot wiedersehen würde, stand ebenfalls in den Sternen.

Nach einer Nacht im Arrest wurde ich am nächsten Tag zum Generaloberst gebracht. Wie ein Gefangener trottete ich durch die Flure und erwartete alle möglichen Strafen. Doch dann, während des Gesprächs, traute ich meinen Ohren kaum: Der General empörte sich lautstark und wortreich darüber, dass ich, der Gefreite Graf, nicht gleich zu ihm gekommen sei, denn dann hätte er mir doch selbstverständlich vierzehn Tage Sonderurlaub genehmigt, um eine Wohnung zu finden und den Fight vorzubereiten! Ich musste schlucken – denn dass ich als einfacher Wehrdienstleistender mit meiner Bitte um ein paar freie Tage einfach so ins Büro des Generals hätte marschieren sollen, das erschien mir dann doch allzu abwegig. Aber ich hielt lieber den Mund und war unglaublich erleichtert, denn die Strafe für meine Flucht aus der Kaserne hielt sich absolut in Grenzen.

Nach der Grundausbildung in Mannheim wurde ich dann nach Sonthofen im Allgäu versetzt. Auch hier gab es eine Sportfördergruppe. Doch der Ort lockte mich überhaupt nicht, im Gegenteil: Allgäu, das war für mich damals genauso schlimm wie Sibirien. In Sonthofen kannte ich niemanden, das war weit weg von meinen Mannheimer Wurzeln und vor allem von meiner Mutter. Eine Gegend, die mir unwirtlich erschien und in der ich sehr allein sein würde – das war, zusammengefasst, alles, was ich erwartete. Doch meine Sorgen halfen natürlich nichts, denn Befehl ist Befehl, und ich hatte als Soldat natürlich zu gehorchen. Und so machte ich mich auf den Weg nach Sonthofen und meldete mich nach mehrstündiger Zugfahrt vorschriftsmäßig am Tor der Generaloberst-Beck-Kaserne zum Dienst. Doch die Wachposten verweigerten mir mit barschen Worten den Zutritt zum Gelände:»Halt! Was wollen Sie hier? Wo wollen Sie hin?« »Ich bin Soldat und muss hier zum Dienst antreten«, antwortete ich in meinem Mannheimer Dialekt, erntete damit aber nur Unverständnis. Der wachhabende Soldat schüttelte den Kopf: Die Amerikaner, sagte er mit abweisender Miene, seien in Memmingen stationiert:»US Army in Memmingen, not here, go there. 60 kilometers north!« Jetzt schüttelte ich den Kopf. Nein, sagte ich, ich sei kein Amerikaner, sondern Deutscher und Soldat der Bundeswehr und hierher beordert. Ob der Kamerad meinen Truppenausweis sehen wolle? Wollte er nicht, denn, so die kategorische Auskunft:»Ein Schwarzer kann schließlich nicht bei der Bundeswehr sein.« Von dieser Überzeugung ließen er und einige zur Verstärkung gerufenen Kameraden sich noch nicht einmal durch meinen Dienstausweis abbringen.

Die Diskussion im Wachhäuschen zog sich hin, und irgendwann wurde es den pflichtbewussten Soldaten zu viel: Mit einem Anruf teilten sie der Sonthofener Polizeistation mit, dass ein verrückter Amerikaner aufgetaucht sei, der behauptete, ein deutscher Soldat zu sein. Ob denn die Polizisten diesen offenbar etwas gestörten Zeitgenossen bitte schnellstmöglich abholen könnten? Ich stand staunend daneben und verfolgte das Gespräch. Hatte ich denn nicht mehrfach und auf Deutsch erklärt, warum ich hier war? Aber auch die wenig später eintreffenden Polizeibeamten waren überfordert und konnten sich ebenfalls keinen schwarzen Soldaten bei der Bundeswehr vorstellen. Also nahmen sie mich erst einmal mit auf die Wache. Nach akribischer Überprüfung meiner Papiere stellte sich der Irrtum schließlich heraus – und mit mehrstündiger Verspätung konnte ich schließlich meinen Dienst in der Kaserne antreten. Wenn ich dann in den folgenden Monaten in meiner Bundeswehr-Uniform durch Sonthofen ging, kam ich mir manchmal vor wie der Rattenfänger von Hameln, so groß war die Aufmerksamkeit, die ich in diesem Städtchen im Oberallgäu erregte. Die Passanten starrten mich mit offenem Mund an – aber als rassistisch empfand ich das nicht. Rassismus, der fühlt sich anders an.

KANN DER DEUTSCH?

IN DEN BENZ-BARACKEN war ich ja bei Weitem nicht das einzige Kind mit dunkler Hautfarbe gewesen. Der Mannheimer Waldhof galt in den 1950er Jahren als der Stadtteil mit den meisten Besatzerkindern in der Bundesrepublik. Aber gerade weil hier Armut und Alkoholismus, Kriminalität und Prostitution zum Alltag gehörten, spielte die Hautfarbe der Bewohner keine Rolle: In unserer Siedlung waren alle gleich. Hier war es egal, dass ich schwarz war, denn wer hier wohnte, war ohnehin abgestempelt als ein Mensch zweiter Klasse. Meine Mutter hat mir später erzählt, dass ich als Vierjähriger auf ihren Schoß geklettert bin, und während ich mit ihr schmuste, habe ich wohl zu ihr gesagt, dass sie sich doch eine Creme kaufen und sich schminken solle, damit sie genau so schön braun aussehe wie ich selber. Für mich war die Welt eben so, wie sie war. Dass andere Menschen Vorurteile gegen mich hatten, spürte ich jedoch, je älter ich wurde, immer mehr: Je öfter ich mit Leuten zu tun hatte, die von außen mit einer gewissen Arroganz auf die Barackenbewohner schauten, desto öfter bekam ich zu hören, ich sei »der Bimbo«, ein »Nigger«, »der Neger von der Baracke« und später dann der »braune Bomber« oder auch »Othello«. Das fing schon ziemlich früh an, auch wenn ich das am Anfang gar nicht mitbekam.

Meine Mutter hatte zuerst versucht, mich in einem eher bürgerlichen Viertel Mannheims zur Schule zu schicken. Aber dieser Versuch war schon nach einem Tag gescheitert, als die Lehrerin mich alleine in die letzte Reihe setzte – mit der Begründung, dass andere Eltern nicht wollten, dass ihre Kinder in der Klasse neben einem Mischling sitzen müssten. So kam ich dann doch auf die Waldhof-Schule, wie die anderen Kinder aus meiner Umgebung auch. Und hier war ich ziemlich beliebt – notfalls half ich mit meiner Kraft ein wenig nach, um mir Anerkennung zu verschaffen. Bei uns in der Barackensiedlung, das hat man als Mischlingskind ganz schnell gelernt, zählte nicht das Abitur, sondern der Oberarm. Anders gesagt: Nach Waldhof-Maßstäben galt derjenige als intelligent, der die dicksten Muskeln hatte – und das war ich. Bei späteren Jobs erlebte ich dann immer wieder, dass ich »Bimbo« genannt wurde. Arbeitskollegen riefen mich so, Vorgesetze redeten über »den Neger«, während ich daneben stand. Wenn ich mal Kneipen oder Clubs besuchen wollte, dann war in vielen Fällen schon beim Türsteher Endstation: Schwarze waren unerwünscht oder wurden als Exoten behandelt, wie an jenem Tag in der Mannheimer Straßenbahn bei der Fahrscheinkontrolle. Da saß ich einer älteren Dame gegenüber und reichte dem Kontrolleur mein Ticket mit den Worten: »Bitte schön!« Die Frau schaute mit großen Augen auf und sagte dann voller Erstaunen zum Schaffner: »Kann der Deutsch?«

Wer ständig so diskriminiert wird, braucht ein dickes Fell. Eine Zeit lang trieb ich mich fast ausschließlich mit anderen Schwarzen herum, hatte kaum näheren Kontakt zu Weißen und erklärte sogar mal in einem Fernsehinterview, dass ich mich nicht mehr als Deutscher fühle: »Wir sind in Deutschland echt ausgestoßen und verstoßen.« Später dann suchte ich mir Freunde, die mich nicht wegen meiner Hautfarbe von oben herab behandelten, sondern die mich wegen meiner Kraft und meiner imposanten Erscheinung gut fanden – auch wenn das, im Nachhinein gesehen, sicher nicht die richtigen Freunde waren.

Der Stigmatisierung entkommt Charly Graf trotzdem nicht. Das Hamburger Abendblatt *jedenfalls schreibt im Dezember 1969 in einem Artikel über seine Karriere:* »Vielleicht werden Deutschlands Farbige einmal olympische Goldmedaillen gewinnen‹, *hofften viele Sportfreunde und versuchten damit, den besonderen* ›Kriegsfolgen‹ *eine optimistische Seite abzugewinnen. Doch von den zahllosen Besatzungskindern haben nur wenige den Weg zum Sport gefunden, und abgesehen von ein paar Fußballtalenten blieben farbige Spitzensportler mit deutschem Personalausweis ein Traum. Aber nun haben wir ihn, den deutschen* ›braunen Bomber‹!«

Die Bewunderung im diskriminierenden Gewand entspricht genau dem, was Eldridge Cleaver, US-amerikanischer Bürgerrechtler,

Schriftsteller und Mitbegründer der Black Panthers, zwei Jahre zuvor über den Umgang mit schwarzen Sportlern geschrieben hat: »Es ist ein leerer, grausamer Hohn, einen Mann im Boxring zum König zu machen und ihn dann draußen herumzustoßen. Die den Ring umgebenden Seile sind das genau umrissene Königreich eines schwarzen Boxsportkönigs.« Mit anderen Worten: Wer wie Charly im Ring bejubelt und hofiert wird, der muss sich dennoch darauf gefasst machen, im Alltag immer wieder mit rassistischen Anfeindungen konfrontiert zu werden. Charlys Trainer Wolfgang Müller stellt 1969, kurz nach dem achtzehnten Geburtstag seines Schützlings, in einem Interview fest: »Charly kam im Oktober zu uns. Er ist ohne Zweifel ein außergewöhnliches Talent, aber natürlich muss er noch viel lernen. Der Umgang mit ihm ist ein wenig schwierig. Vorbehalte intoleranter Mitbürger gegen seine Abstammung haben ihn mit Komplexen beladen, die nun langsam abzubauen sind. Vielleicht ist der sportliche Erfolg ein Weg, ihn selbstbewusster zu machen.«

Aber selbst innerhalb der Boxszene spielt Charlys Hautfarbe eine Rolle, nicht umsonst wird er als »Ali vom Waldhof« oder »brauner Bomber« vermarktet. »Die deutschen Neger erfahren jetzt, dass sie von ihren amerikanischen Vätern nicht nur die Hautfarbe, sondern auch die Diskriminierung geerbt haben«, stellt der Autor Helmut Fritz 1972 in der Zeitschrift Pardon in einem Artikel über Charly fest: »Was weiß man in der Bundesrepublik von den Besatzungskindern? Welche Bildungschancen haben sie, welche Berufe üben sie aus? Sind sie mit weißen Frauen verheiratet? Was ist aus diesen Ehen geworden?«, fragt die eigentlich auf Satire spezialisierte Zeitschrift unter der Überschrift »Charly Graf boxt sich nicht durch«. Rassismus, so das Fazit von Helmut Fritz, sei für Menschen wie Charly eben durch und durch normal. Ähnlich wie in den USA habe es für Schwarze in Deutschland nur die Chance des Aufstiegs durch Sport gegeben: »Wenn überhaupt der Lebenslauf eines Besatzungskindes wahrgenommen wurde, dann nur als Prominentenlaufbahn. Erwin Kostedde (Offenbacher Kickers) und Willy Rodekurth zum Beispiel. Erst als Fußball-Stars fanden sie Anerkennung. Oder der deutsche Neger Roberto Blanco (Blanco!), der im Show-Business nach oben kam, mit einschlägigen Titeln wie: ›Ol' Man River‹, ›Wer wird denn weinen‹.« Fritz kommen-

tiert den gesellschaftlichen Umgang mit solchen Karrieren in Deutsch-
land scharf: »*Der erfolgreiche Neger auf Bühne und Sportfeld erfüllt*
eine doppelte Funktion: Er bereitet dem Rassenvorurteil das gute Ge-
wissen und bestätigt gleichzeitig die geheimen Vorstellungen, die der
Rassist von einem Neger hat. Der CHAMP, der Kämpfer im Ring, ist für
den Negerverächter dasselbe wie der intellektuelle Jude für den Anti-
semiten: der positive Abdruck seines Vorurteils.«

Rassistische Ausgrenzung war für mich keine Theorie, sondern tägliche Realität. Ganz hautnah habe ich das bei der Familie meiner Verlobten Margot erleben müssen. Verloben mussten wir uns heimlich, ein schwarzer Schwiegersohn wäre ein zu großer Skandal gewesen, und Margot hatte mir dringend davon abgeraten, ihre Eltern vorher zu informieren. Als ich trotzdem ein paar Tage später meine Aufwartung bei Margots Eltern machte und mich dafür eigens in Schale geschmissen und meinen besten Abzug angezogen hatte, sorgte das erst für Irritationen und dann für unverhohlene Ablehnung: Meine Schwiegermutter in spe dachte zunächst, der junge Mann da vor ihrer Tür sei ein Student aus Nigeria, der Zeitungsabos verkaufen wollte. Als ich mich als Verlobter ihrer Tochter vorstellte, verfiel die Mutter in eine Art Schockstarre. Erst nach einer Weile konnte sie wieder reden, war aber völlig durcheinander: Sie bat mich herein, blickte dann auf meine Hand und sagte: »Sie tragen ja einen Ring. Sind Sie verlobt?« »Ja, mit Ihrer Tochter«, sagte ich noch einmal. Da wurde Margots Mutter ganz blass und fing an, mich wüst zu beschimpfen. Ich kam mir vor, als hätte ich ein Verbrechen begangen, und bekam auch sofort ein schlechtes Gewissen: Hatte ich vielleicht etwas falsch gemacht? So standen wir in der kleinen Diele der Wohnung herum und ich wusste nicht, wie ich reagieren sollte. Margots Vater war nicht zu Hause, und ihre Mutter überschüttete mich mit Vorwürfen und Beleidigungen. Dabei war ich doch nur gekommen, um mich vorzustellen und ganz höflich um die Hand ihrer Tochter zu bitten – so, wie man das unter gesitteten Menschen nun einmal machte. Behandelt wurde ich aber wie der letzte Abschaum, und als ich merkte, dass sich ihre Mutter nicht wieder beruhigen würde, habe ich sie stehen lassen und bin gegangen.

Ich war heilfroh, als ich die Wohnung wieder verlassen hatte. Aber kurz nach meinem Besuch stürmte die Mutter zu dem Friseursalon, in dem Margot arbeitete, und ohrfeigte ihre neunzehnjährige Tochter in aller Öffentlichkeit. Sie hat ihr eine richtige Szene gemacht: »Was musst du ausgerechnet einen Neger aus der Baracke nehmen? Das Letzte vom Letzten! Asozial! Und mit einer unverheirateten Mutter, die arbeiten geht!« Margot erhielt Hausverbot bei ihren Eltern, und dann zog ihr zwischenzeitlich alarmierter Vater auch noch los, um seine Wut über mich als kommenden Schwiegersohn am VW-Käfer seiner Tochter auszulassen: Er demolierte den vor dem Friseurladen abgestellten Wagen von Margot, ohne sich um die Passanten zu kümmern.

Ich musste mich an diesem Abend betrinken, um den Fanatismus und den Hass, mit dem Margots Eltern mich behandelt hatten, überhaupt ertragen zu können. Als der Journalist Helmut Fritz später bei ihnen klingelte, um sie nach dem Grund dieser heftigen Reaktion zu befragen, erklärte die Mutter, sie habe Angst um die Sauberkeit der Bettwäsche. Der Vater redete von »der Verschiedenheit der Rassen« und von seinem klaren Grundsatz: »Weiß ist weiß und schwarz ist schwarz« und deshalb sei jede Vermischung »ein Unding«. Fritz schrieb in seinem Artikel: »Der Mann ist einfacher Arbeiter im städtischen Gaswerk – und im Lichte der Ereignisse nimmt sich dieser Arbeitsplatz schon beinahe symbolisch aus.« Nachdem unsere Versuche, eine gemeinsame Wohnung zu finden, erst einmal gescheitert waren, grenzte es fast schon an ein Wunder, dass wir trotzdem zusammenblieben, heirateten und einen Sohn bekamen – gegen den Druck aus Margots Familie und gegen den alltäglichen Rassismus in der Gesellschaft.

EIN NEUER ANLAUF

MEIN SOHN CHARLY Graf junior wurde im November 1973 geboren – für mich und Margot war er ein echtes Wunschkind. Nach langem Suchen – vielleicht hatte auch der *Bild*-Artikel über uns ein wenig nachgeholfen – hatten wir doch noch eine kleine, einfache Wohnung gefunden. Ich war zwar Profi-Boxer, aber um unseren Lebensunterhalt zu sichern, brauchte ich eine andere Arbeit. Schließlich wollte ich, dass es meiner kleinen Familie gut ging.

Endlich, dachte ich, zeichnete sich so etwas wie eine Struktur in meinem und unserem Leben ab. Meinen letzten Kampf hatte ich über ein Jahr vorher, im Juli 1972, gegen Manfred Ackers bestritten, und danach hatte ich das Training ein wenig vernachlässigt. Meine Mannheimer Freunde waren mir wichtiger gewesen. Aber jetzt, als frischgebackener Familienvater, wollte ich nicht mehr das »saumselige und vergessene Boxtalent« sein, wie mich die *Süddeutsche Zeitung* nannte. Nein, ich wollte mich wieder um meine Karriere kümmern. Das war bereits so etwas wie ein zweites Comeback, und weil ich ja gerade erst 22 war, war das schon eine bemerkenswerte Entwicklung. Achtzehn Monate war ich erst bei der Bundeswehr gewesen und hatte mich danach noch wochenlang hauptsächlich im Mannheimer Milieu herumgetrieben – ohne wirklich zu trainieren oder gar Kämpfe zu bestreiten.

Gejobbt habe ich in dieser Zeit als Kieslaster-Fahrer. Zwischendurch hatte Helmut Fritz im April 1973 noch für den Südwestfunk einen dreißigminütigen Dokumentarfilm über mich gedreht, der bei den Sportfilmtagen in Oberhausen ausgezeichnet und auch mehrmals im Fernsehen gezeigt wurde. Titel: »Sich einfach durchboxen – die keineswegs heile Welt des Berufssportlers Charly Graf«. Zu dieser Zeit war ich ziemlich selbstbewusst und habe deshalb auch in dem Film angekündigt, dass ich in einem Jahr wieder »ganz oben« sein würde. Ich wusste, dass ich das schaffen konnte. Und wenn ich dann las, dass zum Beispiel der Sportjournalist Walter Krieg zur gleichen Zeit über mich schrieb: »Heute ist er ein arbeitsloser Berufsboxer, der von seinem Comeback träumt. In aussichtsloser Lage«, dann stachelte mich das nur noch mehr an. Ich wollte Krieg und all den anderen Skeptikern beweisen, dass ich weit mehr war als nur »das Box-Phantom von Mannheim«.

Danach war ich ins Kelkheimer Boxcamp zurückgekehrt. Bei diesem neuen Karriereanlauf, erklärte ich dem Journalisten Hartmut Scherzer in einem Interview, sei nun alles ganz anders als zuvor: »Diesmal ist es mir wirklich ernst, denn ich boxe jetzt für Charly junior.« Mein Sohn gab mir neue Kraft und Zuversicht. Der »labile Muskel-Twen«, schrieb Scherzer daraufhin, habe durch die neue Rolle als Familienvater offenbar endlich die Reife erlangt, die für einen Berufsboxer unbedingt nötig sei. Ich fühlte mich auch erwachsener und reifer, und die Rahmenbedingungen stimmten: Eine Agentur sicherte mir per Werbevertrag das Grundeinkommen für ein ganzes Jahr zu, wenn ich im Gegenzug regelmäßig trainierte. Der Frankfurter Werbetexter Rainer Barginsky, der das eingefädelt hatte, erhoffte sich natürlich Vorteile von seinem Engagement: Er wollte mich als sportlich erfolgreiche Werbefigur aufbauen und vermarkten.

Doch das Problem war natürlich mein Umfeld. »Die Halbwelt der Bars ist sein Milieu. Mischlinge, Dealer, Ausgeflippte sind sein Umgang«, so hatte man mich in einem Fernsehbericht 1975 vorgestellt. Doch Rainer Barginsky glaubte an mich: Mit den richtigen Maßnahmen und Anreizen wollte er mich aus diesem negativen Milieu herausholen. Zweitausend Mark monatlich bot er mir dafür an, dass ich mich wieder in Form brachte, damit ich möglichst bald einen neuen Kampf bestreiten konnte.

Um das zu schaffen, musste ich aber erst einmal meine Kondition aufbauen. Zwar hatte ich zwischenzeitlich im Kraftraum meine Muskeln trainiert, aber mein Können als Boxer hatte ich dabei nicht verbessert. Es ging also fast wieder von vorne los. Die monatlichen Überweisungen von Barginsky waren an die Bedingung gekoppelt, dass ich mit meiner Familie aus Mannheim wegzog. Zweitausend Mark im Monat waren schließlich viel Geld. Und so zogen wir in die Nähe von Frankfurt. Aber da hielt ich es, ehrlich gesagt, nicht lange aus. Das Leben in unserer Drei-Zimmer-Wohnung in diesem bürgerlichen Mietshaus in Kelkheim mit wöchentlichem Treppenputzen war ziemlich spießig, und zwischen den ganzen Ingenieuren und anderen Akademikern, die dort wohnten, fühlte ich mich schnell als absoluter Außenseiter. Es war zwar alles schön eingerichtet, mit einer kleinen modernen Küche, dem Wohnzimmer und dem Schlafzimmer, und es gibt viele, die bestimmt von genau so einem geregelten, sauberen und aufgeräumten Leben träumen. Aber für mich war das nichts, ich empfand das als bedrückende Situation: Wir hatten zwar mehr Geld und mehr Möglichkeiten als je zuvor, andererseits fühlte ich mich dort eingeengt und regelrecht kaserniert und war schon nach ein paar Wochen komplett unausgeglichen. Das war eine richtig schlimme Zeit für mich und ich wollte so schnell wie möglich wieder fort. So zogen wir zurück nach Mannheim. Rainer Baginskys Experiment war damit schon nach einigen Monaten gescheitert.

Was sich außerdem änderte, war, dass ich nicht mehr von den Müllers, sondern ab sofort von James Jones, einem farbigen Amerikaner, trainiert wurde. Der hatte sein Handwerk in den USA gelernt und dort mit Boxern gearbeitet, die genau wie ich aus der Unterschicht kamen und den Sport als Aufstiegsmöglichkeit nutzen wollten. Auf dieser Erfahrung baute er auf und entwickelte daraus auch seine Strategie für mich. Jones setzte bei mir auf einen Bewusstseinswandel und versuchte, mich auf einen neuen Boxstil hin zu trimmen: Muhammad Ali sollte ich vergessen und der Ali-Shuffle, dieses leichtfüßige Herumtanzen im Ring, der mein Markenzeichen war, sollte der Vergangenheit angehören. Stattdessen ließ mich Jones harte, schnelle Nahkampf-Attacken trainieren, mit denen ich meine K.-o.-Fähigkeiten und meine Schnelligkeit verbessern sollte.

Jones brachte mir als Trainingspartner Ray Anderson mit, einen echten Weltklasse-Boxer, der 1971 um den WM-Titel gekämpft und damals verloren hatte. Bei mehreren Fernsehinterviews betonte Jones, dass Anderson ein Vorbild für mich sei: Trotz der Niederlage im WM-Fight sei sein Kampfgeist nicht geschwächt gewesen, sondern er mache mit neuer Energie weiter, weil er wisse, dass er, wenn er nicht kämpfen würde, zurück ins Ghetto müsse. Und dann sprach James Jones über mich: Bei mir sei das Problem, dass ich gar nicht aus dem Ghetto herauswolle und deshalb den letzten Biss und den unbedingt nötigen Willen zum Erfolg noch vermissen lasse. »Charly fühlt sich da wohl, zwischen all den Leuten, die zu ihm aufschauen. Er würde sich aber noch wohler fühlen, wenn die ganze Welt zu ihm aufschaut. Aber das versteht er nicht.« Mein Training mit Ray Anderson sollte deshalb vor allem eins bewirken: Sein Kampfgeist und unbedingter Wille zum Erfolg sollten auf mich abfärben. Was das alles für mich bedeutete, war mir ziemlich egal. Ich spürte zwar, dass da ein neuer Wind wehte und dass ich mich im Ring umstellen musste, aber wichtig war mir eigentlich nur, dass es mir besser ging als zu der Zeit in Kelkheim.

Die erste Bewährungsprobe für die neue Kampf-Strategie kam am 8. Februar 1974. In Frankfurt stieg ich gegen den Ghanaer Ray Adonis in den Ring. Der Kampf war auf acht Runden angesetzt, aber schon in der zweiten Runde wurde ich durch technischen K.o. zum Sieger erklärt. Die Ringpause war für mich ziemlich lang gewesen, und jetzt schien es endlich wieder bergauf zu gehen. Ich hatte das Gefühl, meine alte Stärke und Sicherheit wiedergefunden zu haben. Auch Trainer und Manager fassten langsam wieder Vertrauen und hofften, dass ich nun endlich eine ordentliche Karriere machen würde. Zwei Monate später, am 5. April 1974, schickten sie mich in Hamburg gegen den Schweden Hans »Hasse« Thomsen in den Ring. Nach acht Runden gab es zwar nur ein Unentschieden, aber Thomsen beendete nach diesem Kampf seine Karriere. Es war fast wieder so wie ein paar Jahre vorher: Meine Gegner waren nach der Begegnung mit mir so beeindruckt, dass sie ihre Laufbahn bald danach aufgaben. So interpretierten es jedenfalls mein Trainer und mein Manager. Sie wollten verhindern, dass ich wieder anfing zu grübeln und dass meine Selbstzweifel, die es ja immer noch gab, wieder mein Denken bestimmten.

Mitte Mai stand bereits der nächste Kampf auf dem Programm. Und das war ein anderes Kaliber als der bisher sieglose Hans Thomsen. Hartmut Sasse war ein Boxer mit exzellenten Referenzen. In seinen bis dahin dreizehn Kämpfen hatte er nur zwei Mal nach Punkten verloren, außerdem war Sasse seit Oktober 1973 Deutscher Meister im Schwergewicht gewesen und hatte diesen Titel erst drei Monate zuvor wieder abgeben müssen. Beim »Box-Großkampfabend« in der Deutschlandhalle in Berlin-Charlottenburg war der Fight zwischen Hartmut Sasse und mir der einzige Kampf im Schwergewicht. Obwohl ich fit und gut trainiert war und mich hart auf diese Begegnung vorbereitet hatte, schaffte ich es nicht, meinen Gegner wirksam zu treffen. Im Gegenteil, ich musste sogar selber etliche Wirkungstreffer einstecken und bekam dann am Schluss dafür von den Ringrichtern die Quittung, indem ich den Kampf nach Punkten verlor. Diese Niederlage warf mich zurück. Massive Zweifel an meinen Fähigkeiten überwältigten mich wieder einmal, so dass ich nicht mehr so ehrgeizig trainieren konnte wie zuvor. Plötzlich erschien mir das Leben in der Mannheimer Halbwelt doch nicht mehr so schlimm, das Dasein als Profiboxer dagegen machte mir Angst. Und so fing erneut dieser Kreislauf an, den ich ja schon zur Genüge kannte: Wieder spekulierten die Medien über meine Motivation, wieder klagten Trainer und Manager öffentlich über ihren angeblich so labilen Schützling und seine schlechte Trainingsmoral. Und wieder gab es ein Comeback: Ein Jahr später, am 16. Mai 1975, stand ich in Ludwigshafen dem Dänen Flemming Jensen gegenüber, »angeblich Meister seines Landes«, wie es ein Reporter formulierte. Denn Jensen erwies sich als gleichermaßen übergewichtiger wie untrainierter Gegner.

Finanziert hat den Kampf ein neuer Gönner von Charly, der Mannheimer Barbesitzer Fritz Fischer. Der Boxfan hat die Hoffnung – wie so manche vor ihm auch –, mit Charly das ganz große Geld zu machen, und hat deshalb mehrere zehntausend Mark in die Organisation des Abends gesteckt. Doch nur 800 Zuschauer wollen die Kämpfe sehen, Charly erhält eine Nettogage von gerade einmal 920 Mark, von denen auch noch 30 Prozent an seinen Manager gehen. Immerhin schlägt er seinen dänischen Gegner in der dritten Runde K.o. – beziehungsweise Flemming Jensen geht während des Kampfs plötzlich in die Hocke, hält sich den Kopf und lässt sich vom Ringrichter auszählen. Der ganze Ablauf sieht nach einem offensichtlich verschobenen Fight aus, und Fritz Fischer, der von den Mauscheleien im Hintergrund nichts mitbekommen hat oder mitbekommen haben will, erklärt anschließend, er habe »die Schnauze restlos voll«, keine müde Mark

werde er mehr in Boxveranstaltungen und auch nicht in Charly in-
vestieren. So schmeckt der Sieg für Charly wie eine Niederlage: Die
undurchsichtigen Machenschaften seines Umfelds sorgen dafür, dass
die Bilanz nach diesem erneuten Comeback zwar auf dem Papier po-
sitiv, nach Meinung der meisten Beobachter aber verheerend ist –
denn das Image eines Boxers, der nur noch gegen Fallobst-Gegner
gewinnen kann, ist restlos ramponiert.

Vielleicht wäre es ja noch lange so weitergegangen mit dem Wech-
selbad der Gefühle, zwischen überzeugenden Siegen und großen
Karrierehoffnungen einerseits und fragwürdigen Erfolgen und sogar
Niederlagen mit anschließenden depressiven Phasen andererseits.
Vielleicht hätte ich noch etliche weitere Comebacks gefeiert, und
möglicherweise wäre ich sogar so richtig durchgestartet. Aber dann
machte ich mir selber einen Strich durch die Rechnung. Ich setzte
mein Leben erst einmal in den Sand.

IM MILIEU

HEUTE WEISS ICH: Das ständige Heimweh und das wiederholte Abhauen aus dem Kelkheimer Boxcamp waren für mich immer auch eine Flucht vor dem Alleinsein, vor fehlender Anerkennung und Freundschaft; letztlich lief ich vor mir selber weg. Rückhalt hatte ich immer nur im Mannheimer Milieu bekommen, in meiner Heimat, bei den Jungs, die wussten, was es hieß, aus den Benz-Baracken zu kommen. Dort bekam ich den vermissten Zuspruch, dort half man mir aber auch ganz konkret bei der Suche nach einem Job. Als Lasterfahrer und Bauarbeiter wurde ich dort, in der Mannheimer Halbwelt, allerdings nicht gebraucht, sondern vor allem als jemand, der mit seinen starken Fäusten ziemlich gezielte Schläge austeilen konnte. Als Jugendlicher hatte ich, obwohl ich ja aus den berüchtigten Benz-Baracken stammte, nie Kontakt zur Polizei gehabt. Ich hatte mich auf meinen Sport konzentriert und mich auch nicht an kleineren Diebstählen beteiligt, wenn die Kinder aus meinem Umfeld etwa auf dem Weg zur Schule in einem kleinen Kaufladen Kugelschreiber oder Süßigkeiten mitgehen ließen.

Da hieß es zwar immer, ich solle mitmachen, aber für mich war die Vorstellung, die Besitzerin des Ladens zu beklauen, immer mit Schamgefühlen und Angst verbunden gewesen. Ich bin auch nicht in Straßenbahnen eingestiegen, ohne vorher einen Fahrschein zu lösen. Bei meinen Freunden sorgte das zwar für gelegentliche Hänseleien, aber ich wurde nicht wirklich zum Mitmachen gezwungen, nicht einmal gedrängt – die haben das irgendwann einfach akzeptiert. Das war natürlich ein bisschen seltsam, dass ich aus so einer Gegend stammte und trotzdem diesen Hang zur Gesetzestreue hatte. Und ich war absolut loyal, immer schon. Und weil mir in der Familie die Bezugspersonen fehlten, erstreckte sich diese Loyalität auch auf Menschen in meinem Umfeld, die sie gar nicht verdient hatten. Im Mannheimer Milieu machten sich meine Anständigkeit diejenigen zunutze, die in mir vor allem einen Handlanger sahen, den sie für ihre eigenen Zwecke einspannen konnten. Ausgeprägte Profilneurotiker waren das, getrieben von dem permanenten Zwang, sich hervorzutun und von anderen abzuheben. Die fanden in mir einen Menschen, der dazu neigte, sich eher selber in Frage zu stellen, als Fehler bei anderen zu suchen – und schon gar nicht suchte ich diese Fehler bei den halbseidenen Gestalten der Mannheimer Unterwelt, die mit ihrem überbordenden Ego daherkamen. Für mich entwickelte sich diese Situation zu einer gefühlsmäßigen Achterbahnfahrt: Meine Unsicherheit im Hinblick auf mich selber wurde immer größer, mein Selbstbewusstsein sank immer mehr – und je weniger selbstsicher ich war, desto mehr kettete ich mich an diejenigen, die mich in dieser Unsicherheit immer wieder bestärkten. Das war ein regelrechter Teufelskreis.

Für mich waren diese Leute Menschen, die gegen den Strom schwammen, so wie ich es auch immer ein wenig tat. Das beeindruckte mich. Damals verstand ich nicht, dass gerade diejenigen Typen – unter ihnen einige Zuhälter –, denen gegenüber ich so loyal war, eigentlich die am meisten angepassten Menschen waren, mit denen ich in meinem Leben bisher zu tun gehabt hatte. Kleinbürgerliche Spießer waren das – aber für mich waren sie damals Helden, von deren Leben ich träumte und an deren Geschäften ich beteiligt war, ohne mir groß Gedanken zu machen.

Als ich 23 wurde, war die Beziehung zu Margot bereits in die Brüche gegangen. Ich war kein guter Ehemann und auch kein guter Vater gewesen, hatte mich zu wenig um meine Familie und zu viel um meine Freunde und Geschäfte gekümmert. Meine Frau hätte einen besseren Partner verdient gehabt – aber damals konnte und wollte ich das nicht sehen und schon gar nicht mein Leben entsprechend ändern. Nach der Trennung von Margot war ich mit einer Frau zusammen, die als Prostituierte arbeitete, außerdem war ich Teilhaber eines illegalen Spielcasinos. Und es gab Konkurrenten im Rotlicht- und Zockermilieu; mit denen waren Auseinandersetzungen an der Tagesordnung; vor allem ging es darum, wer welches Gebiet in Mannheim kontrollierte. Bei solchen Kämpfen war ich oft mit dabei; schließlich konnte ich alleine schon durch meine Anwesenheit und meine Statur Eindruck schinden, und immer wieder wurde auch meine Schlagkraft gebraucht. Und je öfter ich beteiligt war, desto dicker wurde auch meine Akte bei der Polizei. Alkohol, Drogen, Schlägereien, Tabletten – so sahen meine Tage nun immer öfter aus.

Bei einer Prügelei, die wieder einmal mit Gebietsauseinandersetzungen zu tun hatte, verletzte ich schließlich einen anderen Halbwelt-Gangster so schwer, dass der nur knapp überlebte. Und natürlich blieb diese Schlägerei mit ihren dramatischen Folgen auch der Polizei nicht verborgen: Ich wurde verhaftet und verhört.

Die ersten Tage in Untersuchungshaft erlebte ich wie durch einen Schleier, als eine grausame, wahnsinnige Zeit. Dauernd hatte ich Angst, jetzt jahrelang in einer solchen Zelle eingesperrt zu sein: in diesem Raum mit einem kleinen, vergitterten Loch irgendwo oben in der Wand, durch das ein bisschen Licht hereinschien, den Blick die ganze Zeit gerichtet auf die mit einer abwaschbaren Schicht überzogenen Wände in undefinierbarer Farbe, das spärliche, abgenutze und vollgekritzelte Mobiliar – alles das zog mich unheimlich runter. 23 Stunden am Tag war ich alleine, nur der einstündige Hofgang unterbrach die Monotonie. Manchmal, zwischendurch, erfuhr ich wegen der fehlenden Eindrücke von außen auch eine große gedankliche Klarheit und ich freute mich unglaublich stark auf ganz einfache Dinge wie das Essen oder ein Glas Wasser, die sonst immer eine Selbstverständlichkeit gewesen waren. Dann wieder war ich voller Hass, fühlte mich wie ein eingesperrtes Tier, das nur auf die Gelegenheit wartete, jemandem an die Gurgel zu gehen. Ich war so geladen mit Aggressionen, dass ich dem Richter, der die Verhandlung gegen mich führen würde, mehrere üble Drohbriefe schickte. Da schrieb ich beispielsweise, ich sei sehr gut im Training und würde mich akribisch auf den Tag der Verhandlung vorbereiten, um ihm dann mal so richtig eins auf die Schnauze zu hauen. Ich würde ihn auf jeden Fall erwischen und erledigen, so wie ich schon meine anderen Gegner niedergehämmert hätte. Immer, wenn ich so einen Brief geschrieben und in den Gefängnisbriefkasten gesteckt hatte, war ich für einen kurzen Moment von den drückenden Hass- und Gewaltphantasien befreit. Doch kurz darauf fing ich an zu zweifeln. War es richtig gewesen, wieder so einen Brief loszuschicken? Immer wieder bekam ich deswegen Geldstrafen aufgebrummt, ein paar tausend Mark musste ich am Ende für meine schriftlichen Drohungen bezahlen. Trotzdem war das für mich ein Weg, meine Aggressionen loszuwerden und meine negativen Gefühle zu verarbeiten. Das Gericht nahm die Drohungen jedenfalls ernst: Zur Verhandlung waren extra zehn Polizisten in den Gerichtssaal kommandiert worden, um den Richter vor mir, diesem unberechenbaren und gewalttätigen Angeklagten, zu schützen. Mein Gemütszustand hatte sich da aber schon geändert: Meine unbändige Wut war verpufft, stattdessen fühlte ich mich leer und wie paralysiert. Unbeteiligt verfolgte ich die Debatten zwischen dem Richter und meinem Anwalt, und auf alle Fragen des Gerichts verweigerte ich einfach die Aussage und nahm die Verhandlung nur wie durch Nebel und mit dem Gefühl wahr, dass es hier eigentlich gar nicht um mich ging. Am Ende wurde ich wegen Körperverletzung, Glücksspiel und Zuhälterei schuldig gesprochen – ich kam ins Gefängnis. Niemals vorher hatte ich mir überlegt, wohin mich mein Handeln führen könnte, jetzt aber war ich schockiert, als mir klar wurde, wie wenig ich plötzlich nur noch der Herr über mein eigenes Leben war. Auf zweieinhalb Jahre lautete das Urteil, das ich mir durch meine zu große Nähe zur Mannheimer Halbwelt eingehandelt hatte. Eine Nähe, die – natürlich – auch während meines Knastaufenthaltes bestehen blieb und die ich während der Zeit sogar noch ausbaute.

Denn ich wollte überhaupt nicht einsehen, dass ich zwei Jahre für etwas sitzen sollte, was in dem Milieu, aus dem ich kam, völlig normal war. Irgendein Unrechtsbewusstsein hatte ich nicht, handfest ausgetragene Auseinandersetzungen waren innerhalb der Szene alltäglich. Das führte dazu, dass ich die Haft mit dem Gefühl antrat, völlig zu Unrecht bestraft worden zu sein. In dieser Verfassung traf ich auf Mithäftlinge, die zu deutlich längeren Strafen verurteilt worden waren – und die sich damit in meinen Augen als Vorbilder eigneten. Wieder ließ ich mich schnell beeindrucken und beeinflussen. Mit ihnen schmiedete ich sofort Pläne für die Zeit nach der Entlassung, und erst bei diesen Gesprächen wurde meine kriminelle Energie so richtig angeheizt. Wenn man entlassen würde, wie könnte man dann so richtig durchstarten? Das waren Fragen, über die ich damals intensiv nachgedacht habe. Wie ließe sich ein kleiner, einzelner Spielclub zu einer ganzen Kette von entsprechenden Casinos vergrößern, mit Standorten in mehreren Städten? Wie müsste man den Schutz dieser Clubs gegen andere Banden sichern? Und wie könnte man noch mehr mit der Prostitution verdienen als nur mit ein paar wenigen Huren, die für mich arbeiteten? Meine erste Gefängnisstrafe nutzte ich, um mir vor allem Gedanken über ein verbessertes, verfeinertes kriminelles System zu machen, so dass ich nach zwei Jahren genauso unreif und abhängig wieder ins Milieu zurückkehrte, wie ich es vorher Richtung Haftanstalt verlassen hatte. Die abgeleistete Strafe hatte mich überhaupt nicht gebessert oder resozialisiert, sondern im Gegenteil meine Bindungen ins Milieu sogar noch verstärkt. Ich war krimineller geworden als vorher. Denn drinnen, im Knast, hatte ich Menschen kennengelernt, die noch viel tiefer und massiver in die Halbwelt verstrickt waren als ich selber und die gar nicht daran dachten, wegen einer mehr oder weniger langen Gefängnisstrafe ihre grundsätzliche Lebenseinstellung zu ändern. Ziemlich blauäugig übernahm ich diesen falschen Stolz und diese Haltung, die mir imponierte, und so kam ich wirklich kriminell gefestigt aus dem Gefängnis zurück. Ich machte genau da weiter, wo ich zwei Jahre zuvor aufgehört hatte: mit Zuhälterei und körperlichen Auseinandersetzungen, mit Glücksspiel und anderen fragwürdigen Geschäften außerhalb des Boxrings. Allerdings war ich jetzt nicht mehr nur ein untergeordneter und schlecht bezahlter Türsteher vor illegalen Casinos, sondern ich war in der Hierarchie nach oben geklettert. Vorher war ich ein kleinkrimineller Mannheimer Lokalmatador gewesen, jetzt war ich ein Strippenzieher, der seine Geschäfte deutlich professioneller betrieb als vor dem Gefängnisaufenthalt. Und zusammen mit meinen dubiosen Geschäftspartnern weitete ich meine Aktivitäten auch auf andere Städte aus. Das war schon eine richtige kriminelle Vereinigung. Ich selber hatte zwar nie eine Waffe, aber in meinem Umfeld war der Besitz von Revolvern, Pistolen oder anderen großkalibrigen Waffen der Normalfall. Mehr als einmal wurde direkt auf mich geschossen. Es war pures Glück, dass ich bei diesen Auseinandersetzungen nie ernsthaft verletzt oder gar getötet wurde. Doch obwohl ich im Milieu eingebunden und immer dabei war, blieb ich gleichzeitig auch ein Außenseiter. Ich galt als nicht hart genug, und die diskriminierenden Bemerkungen wegen meiner Hautfarbe wurden nicht weniger. Auch ich selber sah mich nicht als klassischen Zuhälter, der seine Huren durch Gewalt und Druck im Griff hatte. Meine Freundin, die für mich anschaffen ging, liebte ich wirklich, und daraus machte ich auch gar kein Geheimnis. Dabei war es im Milieu absolut verpönt, in eine Prostituierte verliebt zu sein oder häufig mit ihr Sex zu haben. Wer so auftrat, wurde abschätzig als »Liebeskasper« bezeichnet. Das Idealbild des Zuhälters sah nämlich ganz anders aus: Als großer Zuhälter galt, wer eine oder mehrere Frauen für sich arbeiten ließ, bei denen er nur ab und zu vorbeischaute, um das Geld zu kassieren, und dann wieder verschwand. Das war ein Bild, dem ich zu diesem Zeitpunkt ganz und gar nicht entsprach und dem ich auch nicht entsprechen wollte. Andererseits aber wusste ich natürlich schon, was von mir erwartet wurde. Einmal hatte ich zu einer Frau, die für mich damals als Nutte arbeitete, eine relativ enge und gute Beziehung entwickelt. Sie arbeitete in einem Club, in dem ich immer mal wieder auftauchte, um Geld abzuholen, das sie verdient hatte. Die Chefin dieses Ladens beobachtete sie von Anfang an mit Argwohn, und auch mich, den »Liebeskasper«, nahm sie nicht sonderlich ernst – so lange, bis ich und meine Freundin anfingen, bei meinen Besuchen eine Show abzuziehen. Wir trampelten im Zimmer herum, schrien, schmissen Stühle und Tische um: Es sollte so aussehen, als ob der Zuhälter seiner Hure handfest klarmachte, wer das Sagen hatte. Nach diesen Showeinlagen gab es keine Probleme mehr mit der Clubchefin.

Damit kein falscher Eindruck entsteht: Ich war nun wirklich kein Engel, der im Milieu als gute Seele oder gar missionarisch in Sachen Nächstenliebe unterwegs war. Ich machte mit, verstrickte mich mehr und mehr und übernahm immer stärker die Werte meiner Umgebung. Manchmal hatte ich jetzt drei oder vier Frauen gleichzeitig, die für mich arbeiteten, und ich hatte kein schlechtes Gewissen dabei. Wenn sie mich liebten, benutzte und manipulierte ich sie: Ich versprach ihnen, dass sie nur für zwei oder drei Jahre anschaffen gehen müssten, danach würde ich sie heiraten, zusammen mit ihnen ein Lokal aufmachen und einen Friseursalon gebe es dann auch. Das

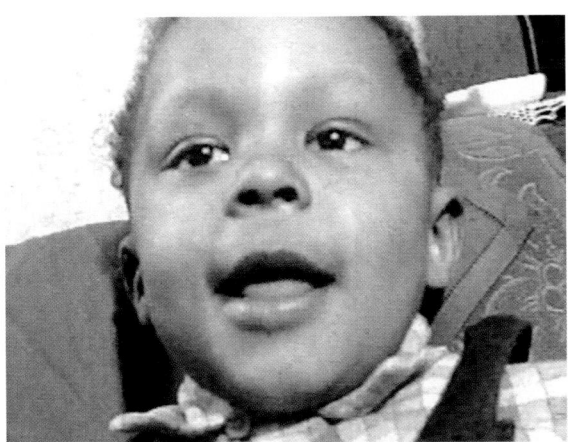

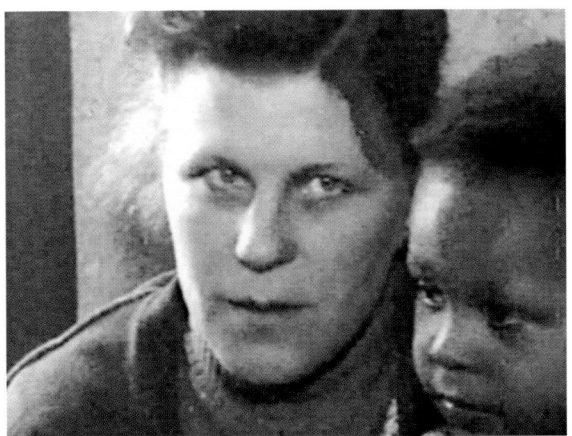

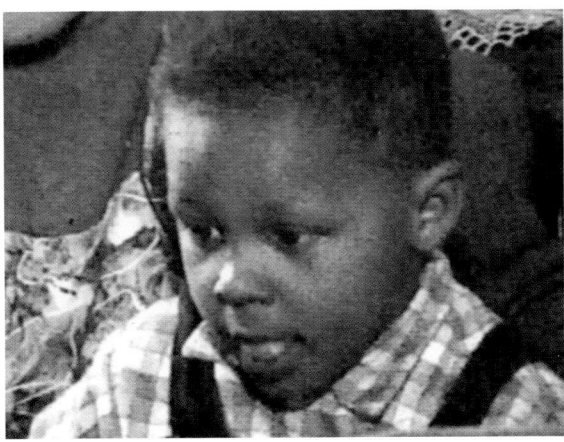

Charly mit vier Jahren
mittleres Bild: mit seiner Mutter Elisabeth Graf

Originalfoto eines Boxkampfes im Mannheimer Gefängnis, 1978 © privat

Autogrammkarte Charly Graf, 1972 © privat

Charly Graf als Deutscher Meister im Schwergewicht, 1985 © privat

Charly Graf als Deutscher Meister im Schwergewicht, 1985 © privat

Charlys ältester Sohn Charly Graf junior mit 5 Jahren, © privat

Charlys Sohn Sascha und seine Tochter Katharina, © privat

Katharina und Charly heute, © Christina Laube

Charly beim Boxtraining mit einem Mädchen im Kinder- und Jugendheim St. Josef in Mannheim, © Christina Laube

Charly beim Boxtraining an unterschiedlichen Hauptschulen in Mannheim, © privat

Charly zu Gast in Dubai, 2007 © privat

© Christina Laube

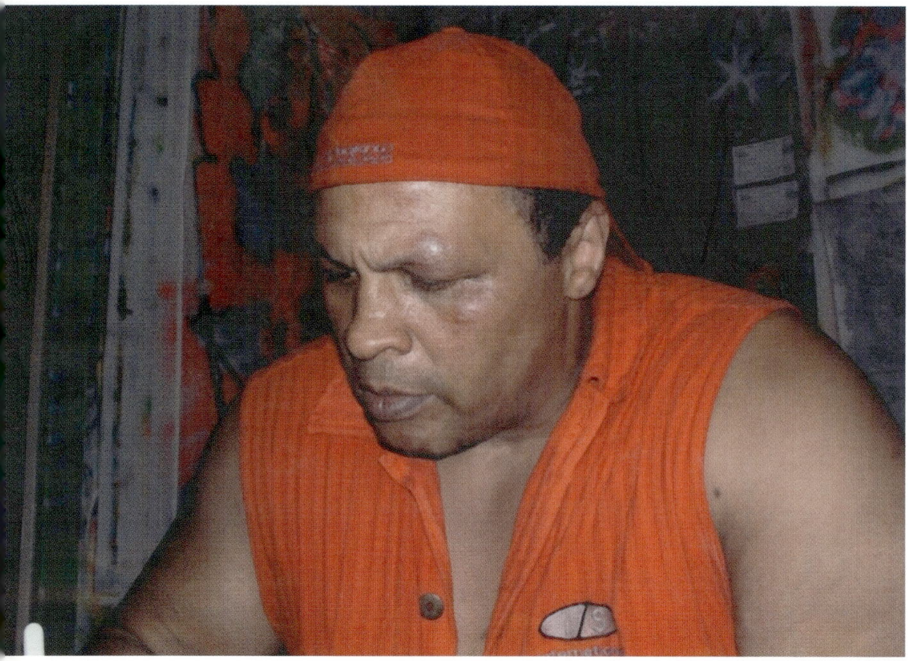

© privat

Charly mit Axel Schulz beim Geburtstag von Karl Mildenberger, 2007 © privat

Charly als Vortragender bei der Premiere des Films »Der schwarze Graf« in Mannheim, 2007 © privat

© Christina Laube

Charly Graf mit Armin Himmelrath, © Patmos Verlag

© Patmos Verlag

© Christina Laube

waren so die üblichen Lügen der Zuhälter, die auch ich von mir gegeben habe. Die Frauen glaubten mir, obwohl ich diese Versprechen nie ernst gemeint hatte. Ich hielt jeden für einen Idioten, der ganz normal arbeiten ging, und fand nur diejenigen cool, die mit möglichst wenig Arbeit möglichst viel Geld machten. Mein Jähzorn war legendär, und wenn ich ausgerastet bin, dann setzte ich meine Kräfte ein, ohne groß über mögliche Folgen nachzudenken – selbst wenn ich damit mich selber und meine Zukunft gefährdete. In einem Bordell, in dem ich eine Zeit lang gearbeitet hatte und wo ich rund zehntausend Mark im Monat verdiente, hing an der Wand ein überdimensionales Bild des Besitzers, der auf diese Weise sein Ego aufpolierte. Das war damals, in den 1970er Jahren, nicht ungewöhnlich in der Rotlichtszene. Eines Tages stieß ich versehentlich gegen dieses Bild und es fiel herunter. Dem Chef des Ladens gefiel das gar nicht: »Hey, du Idiot, kannst du nicht aufpassen?«, brüllte er mich an. Da habe ich nicht lange gefackelt: Weil er mich als »Idiot« bezeichnet hatte, schlug ich ihn sofort zusammen, ohne erst zu überlegen, dass ich damit mindestens meinen Arbeitsplatz und mein Einkommen aufs Spiel setzte. Andere hätten sich vielleicht für das Missgeschick mit dem Bild entschuldigt – ich aber langte sofort zu, als ich mich beleidigt fühlte. Die Zusammenarbeit war danach logischerweise sofort beendet.

Solche Geschichten waren es, die dafür sorgten, dass ich in der Szene zwar gefürchtet, aber nicht beliebt war. Nachdem ich meinen Wohnsitz nach Stuttgart verlegt hatte, wo ich mehrere Spielcasinos betrieb, lernte ich eines Abends einen anderen Außenseiter des Rotlichtmilieus kennen: Henry. Wie ich selber gehörte auch er nur am Rande dazu, weil er zwar nicht wegen seiner Hautfarbe, aber wegen seiner Religion Probleme hatte: Henry war Jude. Wir kannten beide die Vorbehalte, mit denen der jeweils andere zu kämpfen hatte, wir hielten zusammen und freundeten uns an. Ich sorgte dafür, dass Henry als Croupier in einem der Spielclubs arbeiten konnte – ein Job, den mein Freund sonst wohl nicht bekommen hätte. Als »der Neger und der Jude« waren wir bald in ganz Stuttgart bekannt, und wieder war ich mehr gefürchtet als anerkannt.

Und so ließ man mich und meinen Freund meistens in Ruhe. Das galt allerdings nur für diejenigen, die sich von mir Hilfe erhofften oder die mit mir zusammenarbeiten wollten. Mit anderen Gruppen dagegen geriet ich oft heftig aneinander. Charly und Henry waren überhaupt keine Unschuldslämmer: Zusammen entschieden wir uns, ein illegales Spielcasino in Stuttgart zu überfallen. Wir besorgten uns Strumpfmasken, überwältigten den Türsteher und stürmten ins Hinterzimmer, in dem die Zocker saßen. Die drehten sich erschrocken um – und dann sagte einer ganz trocken: »Hallo, Charly!« Der hatte mich trotz Maske an meiner Statur erkannt. Wir aber taten so, als wüssten wir nicht, von wem die Rede war, nahmen den Anwesenden rund 50 000 Mark ab und verschwanden wieder.

Dass diese Aktionen gefährlich waren, ich mir Feinde schuf und manchmal sogar mein Leben riskierte, war mir gar nicht richtig bewusst. Da war zum Beispiel die Auseinandersetzung mit den Grauen Wölfen, einer Gruppe, die sich auf das Eintreiben von Schutzgeldern im Zockermilieu spezialisiert hatte. Zwei Abgesandte der Grauen Wölfe kamen eines Abends zu mir und meinen Partnern in den Spielclub und verlangten zehn Prozent der Einnahmen, damit weder dem Club noch seinen Besitzern etwas zustoßen würde.

Doch während meine Geschäftsfreunde sehr genau wussten, wer da vor uns stand, und entsprechend vorsichtig waren, reagierte ich ziemlich impulsiv: Erst beschimpfte ich die Geldeintreiber, dann packte ich sie am Kragen und warf sie aus dem Casino. Als ich dann ein paar Tage nach dem Zwischenfall auf den Hinterhof des Hauses ging, in dem sich der Spielclub befand, stand ich plötzlich zehn schwer bewaffneten Männern gegenüber. Einer hielt mir eine geladene Pistole an den Kopf, während die anderen über mich herfielen und mit Baseballschlägern auf mich einprügelten. Ich hatte keine Chance – aber dafür großes Glück, dass ich diesen Überfall ohne bleibende Schäden überlebte. Seither weiß ich, wie es sich anfühlt, eine geladene Waffe an den Kopf gehalten zu bekommen.

Auch andere Aktionen überstand ich vor allem durch Glück. Im Frankfurter Bahnhofsviertel bewegte ich mich im Geschäftsbereich einer jugoslawischen Gruppe und ihres Paten, der als »Djendo« bekannt war. Djendo kontrollierte weite Teile der Frankfurter Unterwelt – und naiv, wie ich war, fuhr ich zu Gesprächen mit Djendo immer allein. Auch bei Meinungsverschiedenheiten diskutierte ich mit ihm ohne Leibwächter oder sonstigen Schutz, außerdem unbewaffnet. Dabei hätte eine Geste des Jugoslawen gereicht, um mich aus dem Weg zu räumen. Doch auch hier war mir die Gefahr nicht bewusst. Und ganz sicher war es kein bewundernswerter Mut, wenn ich mich in solche kritischen Situationen begab, sondern nur grenzenlose Naivität und Dummheit.

Meine kriminelle Karriere hatte zunächst eher harmlos begonnen. In einer Diskothek war ich von zwei jungen Italienern angesprochen worden: Ich sei ja ziemlich stark und könne bestimmt auch mal hinlangen, wenn es darauf ankäme. Ob ich nicht Lust hätte, für gutes Geld als Türsteher in einem Hinterzimmer-Casino zu arbeiten? Ich müsse nur dafür sorgen, dass keine ungebetenen Gäste hineinkämen, und ab und zu renitente Mitspieler an die Luft setzen. Ich war einverstanden, und nach ein paar Wochen stellte ich fest, wie viele Tausender da jeden Abend über den Tisch gingen. Plötzlich fühlte ich mich völlig unterbezahlt und wurde wütend auf meine Arbeitgeber. Und obwohl ich von Poker, Black Jack und anderen Spielen keine Ahnung hatte, vertrieb ich zusammen mit ein paar Kumpels die beiden Italiener mit Gewalt aus dem Club und übernahm das Casino selber.

Plötzlich verdiente ich die enorme Summe von fünftausend Mark pro Woche, ohne dafür wirklich arbeiten zu müssen – was getan werden musste, erledigten meine Handlanger, und wir waren einfach nur die Chefs, die kassierten. Mein Lebensstandard stieg innerhalb kürzester Zeit erheblich: teure Autos, eine Rolex, all die ganzen Statussymbole der Halbwelt. Doch mit den gestiegenen Ansprüchen gewöhnte ich mich auch an die Gepflogenheiten des Milieus, ganz seltsame Dinge wurden zur Normalität. Etwa, dass die Frauen, mit denen man zusammen war und die als Prostituierte arbeiteten, von einem Luden zum anderen verkauft wurden. Natürlich war das die totale Entwertung dieser Frauen, aber für mich wurde das zu einem ganz normalen Vorgang, der rein wirtschaftlich kalkuliert wurde: Eine »gute Frau«, also eine erfolgreich arbeitende Hure, verdiente im Monat rund zehntausend Mark – und für bis zu dreißigtausend Mark konnte man sie dann weiterverkaufen. In diese Welt tauchte ich ganz tief ein – so tief, dass es gerade einmal zehn Monate dauerte, bis ich schon zum zweiten Mal verurteilt wurde, wieder wegen Zuhälterei.

Im Mannheimer Gefängnis wurde ich wie ein alter Bekannter begrüßt. Wieder gab es hier, hinter Gittern, den von mir so lange vermissten Respekt, die Anerkennung, das Schulterklopfen – nur kam es natürlich auch diesmal wieder von der völlig falschen Seite. Nämlich von Menschen, die sich durch gewonnene Schlägereien mehr beeindrucken ließen als durch Argumente oder einen ordentlichen Lebenswandel. Da ich diese Art von Leuten ja bereits kannte, wusste ich genau, wie man sich bei ihnen Respekt verschafft: mit den Fäusten. Schnell hatte ich gelernt, dass die Wärter sich für Auseinandersetzungen zwischen den Gefangenen so gut wie nie interessierten. Die übliche Begründung für das Wegschauen lautete: Da wird eben die Hackordnung der Insassen ausgefochten. Auch ich musste mir vom ersten Tag der Haft an meinen Platz innerhalb dieser Rangordnung erkämpfen – und das erledigte ich auf meine Weise: durch Prügeleien. Kein Wunder, dass ich nach meiner Verlegung ins Bruchsaler Gefängnis bald zum Anführer der hauseigenen Boxstaffel aufstieg. Und dass ich leicht dafür zu begeistern war, auch innerhalb des Gefängnisses Boxkämpfe abzuhalten, so wie an einem sonnigen Samstagnachmittag, als im Bruchsaler Gefängnishof vor der Kulisse der roten Ziegelsteinmauern mit ihren schwer vergitterten Fenstern ein provisorischer Boxring aufgebaut wurde. Der Anstaltsleiter ließ es sich nicht nehmen, als Ringrichter dabei zu sein. Und dann rückten unsere auswärtigen Gegner an: Die Kämpfer vom Karlsruher SC, darunter auch mehrere Polizisten, waren extra für diesen Tag ins Gefängnis gekommen. Dabei handelte es sich nicht um irgendwelche Vorstadt-Amateure, sondern um eine erfolgreiche Staffel der 2. Bundesliga, aus der immerhin auch der Olympiateilnehmer, Europameister und neunfache Deutsche Meister im Bantamgewicht, Horst Rascher, hervorgegangen war. An dem Tag war im Gefängnis natürlich die Hölle los. Vor Hunderten begeisterter Knackis, die uns lautstark anfeuerten, wurde es ein harter, aber fairer Kampf. Ich war der einzige der Knast-Boxer, der seinen Fight gewinnen konnte. Dafür wurde ich von den anderen Häftlingen frenetisch gefeiert, und untermalt wurde der gesamte Kampf durch die Musik der Häftlings-

band, die auf einer alten, vom Schlagerstar Tony Marshall gespende-
ten Musikanlage spielte. Nach dem Fight kam sogar der Gefängnisdirektor, um mir zu gratulieren – es war fast ein bisschen so wie
früher, bei den Kämpfen draußen, in Freiheit.

Diese rundum schönen und fast schon harmonischen Tage waren für
mich im Gefängnis jedoch die große Ausnahme. Der Alltag sah ganz
anders aus. Da standen Niedergeschlagenheit und Depressionen,
Langeweile und Frust im Vordergrund. Ein trauriges und trostloses
Umfeld, in dem ich meine negativen Gedanken einfach nicht aus
meinem Kopf verdrängen konnte. Monatelang war ich wütend und
voller Hass auf meine Umwelt und die Menschen. Schuld waren in
meinen Augen ja die anderen – die, die gegen mich ausgesagt hatten, die mich verurteilt hatten, die mich hier festhielten. Ich war voller Wut und Zorn auf alles und alle um mich herum, voll negativer
Energie, die immer wieder herausmusste. Ich prügelte, ich schrie, ich
schlug gegen die Wände. Bei meinen Mitgefangenen und bei den
Wärtern galt ich schnell als brutal und vor allem als unberechenba-
rer Choleriker, dem man bei seinen Ausbrüchen besser nicht zu nahe
kam. Ich war ein aufsässiger und renitenter Gefangener, wie die Gefängnisleitung in meinen Akten mehrfach vermerkte.

Mein Lieblingslied zu dieser Zeit stammte vom Münchner Liederma-
cher Konstantin Wecker. In der Ballade »Willy«, in der Wecker die
bürgerlich-bayerische Moral angreift, ging es auch um die Freiheit –
Freiheit, die dann entsteht, wenn man keine Angst mehr hat, vor
nichts und niemandem. Ein Lied, das ich immer wieder hörte, das
mich immer wieder berührte und dessen Text ich längst auswendig
konnte: »Gestern habns an Willy daschlogn, und heit, und heit, und
heit werd a begrobn.«

Es hört sich vielleicht seltsam an – aber für mich fühlte es sich fast so
an, als hätte ich mit Willy einen guten Freund verloren. Weckers Bal-
laden-Singsang, dazu die Klavierbegleitung: Diese Musik erreichte
mich ganz tief innen, wie ich es vorher selten erlebt hatte. Und langsam, ganz langsam wurde mir klar, dass ich es vor allem selber war,
der sich mit seinem Handeln in diese Lage gebracht hatte.

Aber ich wusste auch, dass mein falsches Verhalten keine kriminellen Ursachen hatte. Was mir fehlte, war ein gesundes Unrechtsbe-

wusstsein und die Fähigkeit, zu mir selber zu stehen – ich hatte es anderen so leicht gemacht hatte, mich zu beeinflussen, zu überreden und zu beeindrucken. Ich müsste selber stark genug werden, um die Dinge zu tun, die ich für richtig hielt, und diejenigen zu lassen, die falsch waren.

Da war zum Beispiel Michael, ein Häftling, der wegen Bankraubs verurteilt war und schon etliche Jahre im Gefängnis saß. Mir fiel er vor allem deshalb auf, weil er mit Köpfchen und großer Konsequenz seinen Weg ging. Michael war intelligent und geistig absolut beweglich und hatte sich innerhalb des Gefängnisses eine bemerkenswert große Narrenfreiheit erarbeitet, ohne dabei wirklich ein Narr zu sein. Da war zum Beispiel die Sache mit dem Bunker. So nannten wir die Einzel-Arrestzelle, in die man verlegt wurde, wenn man von den Wärtern bestraft wurde. Ich hatte den Bunker wegen meiner unkontrollierten Wutausbrüche mehr als einmal kennengelernt, und es war für mich das Schlimmste überhaupt gewesen, dort bis zu drei Tage lang völlig isoliert zu sein, ohne jeden visuellen oder akustischen Reiz und nur mit den nötigsten Lebensmitteln versorgt. Alleine der Gedanke an den Bunker machte mir Angst. Michael aber verfolgte eine andere Strategie. Er wandte sich an die Wärter und teilte ihnen mit, er wolle gerne in den Bunker gebracht werden. Den Einwand, er habe doch gar nichts verbrochen, beantwortete er mit der erneuten Forderung, in den Bunker gebracht zu werden. Weiter fragte er, ob er denn dafür erst dem Beamten eine Ohrfeige geben sollte? Dann wurde er regelrecht quengelig, forderte immer wieder seine Verlegung in die Arrestzelle, die für jeden anderen so furchtbar gewesen wäre. Er hörte nicht auf, bis die Wachen nachgaben und ihm seinen Wunsch erfüllten. Das ging ein paar Mal so, und irgendwann gaben die Beamten auf. Mit dem Bunker, das hatten sie verstanden, konnten sie Michael nicht mehr drohen, denn davor hatte er ja ganz offensichtlich nicht die geringste Angst, im Gegenteil. So konnte sich Michael ab diesem Zeitpunkt deutlich mehr Regelübertretungen leisten als die anderen Gefangenen – Freiheit hinter Gittern, die er sich auf diese Weise ertrickst hatte und die er sich wegen seiner fehlenden körperlichen Fitness und Stärke auf dem im Gefängnis üblichen Weg niemals hätte erprügeln können. Ich war von

Michaels Verhalten beeindruckt. Wir freundeten uns ein wenig an und schafften es, gemeinsam eine attraktive Aufgabe innerhalb des Gefängnisses zu bekommen: Wir waren für die Pflege des Fußballplatzes im Gefängnis zuständig – zum Beispiel dafür, die Linien des Spielfelds zu markieren. Ein Job, mit dem schon ein einzelner Gefangener nicht völlig ausgelastet gewesen wäre und den man zu zweit erst recht so schnell erledigen konnte, dass immer mal wieder Zeit blieb, sich auf dem Hof in die Sonne zu legen. Und es war ein Job, der mit großer Bewegungsfreiheit innerhalb der Anstalt verbunden war, für mich war das ein großes Privileg.

Während Michael und ich auf dem Gefängnisgelände arbeiteten, beobachteten wir eines Tages ein paar andere Gefangene, die den Auftrag hatten, ein Wachhäuschen abzureißen. Ein paar Tage später wurde dieses Wachhäuschen an genau derselben Stelle wieder neu errichtet. Für mich gehörten solche Absurditäten zum normalen Irrsinn des Gefängnisalltags, Michael dagegen regte sich über die offensichtliche Sinnlosigkeit wahnsinnig auf. Er ärgerte sich darüber, dass das Häuschen erst abgerissen wurde, um es danach wieder aufzubauen. Bei einem der Arbeitseinsätze bekamen wir auch Kontakt zu weiblichen Häftlingen, die auf einem Transport von einem Frauengefängnis in ein anderes für ein paar Stunden in unserer Haftanstalt untergebracht waren. Michael und ich gingen sofort zu der Gruppe hin und begannen, uns mit den Frauen zu unterhalten. Namen und Adressen wurden ausgetauscht, lose Verabredungen für irgendwann einmal getroffen – alles in allem eine harmlose Plauderei und gleichzeitig ein kleiner Ausbruch aus der alltäglichen Gefängnisroutine. Doch ein Wärter entdeckte uns, als wir bei den Frauen standen, und stürmte auf uns zu: Wir sollten sofort da verschwinden und zurück an die Arbeit gehen, die Kontaktaufnahme sei verboten, der Vorfall würde Konsequenzen haben! Also gingen wir zurück zum Sportplatz, um weiterzuarbeiten, während der Beamte den Vorfall sofort dem Direktor meldete. Schon ein paar Minuten später wurden wir über den Hoflautsprecher zum Rapport beim Anstaltsleiter gerufen. Jetzt bekam ich Angst: Unser Verhalten würde dazu führen, dass wir den Traumjob als Fußballplatzbetreuer verlieren würden und damit auch die Möglichkeit, uns im Gefängnis so frei zu bewegen wie bisher. Niedergeschlagen gingen wir ins Büro des Direktors. Dort gab es erst die erwartete Standpauke wegen unserer Kontaktaufnahme zu den weiblichen Häftlingen und dann die Strafe: eine einmalige fünfzigprozentige Einkaufssperre für den kleinen Laden im Gefängnis. Das Gespräch beendete der Anstaltsleiter mit der Aufforderung, jetzt sofort zur Arbeit auf dem Sportplatz zurückzukehren und dort weiterzumachen. Ich war unglaublich erleichtert, das war ja gerade eben noch einmal gut gegangen. Schon wollte ich mich umdrehen und hinausgehen, als Michael sich zu Wort meldete. Nein, sagte er, das könne er nicht akzeptieren, die Strafe sei zu viel mild. Er hörte mit seinen Beschwerden erst auf, als die Einkaufssperre vom Direktor verschärft wurde. Ich war stinksauer. Draußen, vor der Tür, schnauzte ich den Blödmann an: Was denn da in ihn gefahren wäre, ob er verrückt sei, freiwillig eine härtere Bestrafung zu fordern? Doch Michael blieb nicht nur bei seiner Position, er ging sogar noch weiter. Noch am gleichen Tag setzte er in seiner Zelle einen Brief an den Bundesrechnungshof auf, in dem er detailliert und wortgewandt beschrieb, wie er beobachtet hatte, dass auf Betreiben der Gefängnisleitung ein Wachhäuschen in der Anstalt zunächst abgebaut und kurz danach in alter Form an der alten Stelle wieder aufgebaut worden war. Michael war klar, dass jeder Brief der Gefangenen in der Verwaltung gelesen wurde, und so landete natürlich auch diese Beschwerde auf dem Schreibtisch des Direktors. Es kam zu einem zweiten Gespräch, bei dem Michael es schaffte, einen Zusammenhang zwischen seinem Schreiben an den Bundesrechnungshof und der Bestrafung für das Gespräch mit den weiblichen Häftlingen herzustellen – und nachdem er das Büro wieder verlassen hatte, waren beide Fälle aus den Akten verschwunden und galten als erledigt. Es gab keinen Brief in Sachen Wachhäuschen mehr und keine Einkaufssperre. Ich muss sagen, ich war von diesem konsequenten und strategischen Handeln mehr als beeindruckt. Ich wünschte mir, selber so klar meine Ziele verfolgen zu können wie Michael und so genau zu wissen, wie man diese Ziele auch erreichen konnte.

Andere Gefangene waren für mich dagegen eher abschreckende Beispiele. Im 1848 erbauten Gefängnis in Bruchsal lernte ich jede

Menge Mithäftlinge kennen, deren Probleme mir noch einmal zeigten, dass ich trotz aller Fehltritte im Leben bisher immer noch relativ gut weggekommen war. Da waren etwa die schweren Alkoholiker, die, weil es im Gefängnis sonst nichts gab, Spiritus tranken – entweder mit Cola gemischt oder, wenn die nicht zur Verfügung stand, auch schon mal pur. Oder der Zellennachbar, der an meinem ersten Abend in Bruchsal lautstark die Übertragung eines Fußballspiels genoss. Tooooor!, schrie er ein paar Mal, und ich versuchte verzweifelt, auf meinem Fernseher oder im Radio das Spiel ebenfalls zu finden. Ich konnte jedoch nicht feststellen, auf welchem Kanal die Begegnung zu sehen oder zu hören war. Am nächsten Tag, beim Umschluss, bei dem sich die Gefangenen bei offenen Zellentüren gegenseitig besuchen konnten, fragte ich den anderen Häftling, wo denn die Übertragung gelaufen sei. Gar nicht, sagte der. Dann zeigte mir mein Zellennachbar eine Sammlung mit Hunderten von Audiokassetten für seinen Kassettenrekorder, auf denen er nicht etwa Musik aufgenommen hatte, sondern die Radioübertragungen von Fußballspielen, die er sich immer und immer wieder anhörte. Ich war sprachlos. Und ich nahm mir fest vor, im Gefängnis nicht verrückt zu werden.

Eine weitere Begegnung im Bruchsaler Gefängnis war für mich ebenso eindringlich. Ich wurde zur Arbeit in der Schneiderei der Haftanstalt eingeteilt, und als ich an meinem ersten Arbeitstag dorthin kam, wunderte ich mich darüber, dass es in der Halle, in der mindestens vierzig Gefangene arbeiteten, so auffällig ruhig war. Denn normalerweise wurde bei solchen Gelegenheiten im Gefängnis viel geredet, es wurden Informationen ausgetauscht und kleine Geschäfte gemacht. Hier in der Schneiderei, stellte ich erstaunt fest, wurden die Gespräche nur ganz leise geführt. Und, noch seltsamer: Der Beamte, der uns bewachte, fand dieses Flüstern und Tuscheln offenbar überhaupt nicht verdächtig. Als ich mich umblickte, um den Grund für das seltsame Verhalten an meinem neuen Arbeitsplatz herauszufinden, sprang plötzlich ein Häftling an einer Nähmaschine auf und fing an zu schreien. Man solle ihn endlich in Ruhe lassen, er wolle, verdammt noch mal, seine Ruhe! Dabei hatte der Mann ganz alleine an seinem Tisch gesessen, niemand hatte ihn angesprochen oder war auch nur in seine Nähe gekommen. Doch der Häftling schrie

weiter: Der wachhabende Aufseher, Herr Schmitz, solle herunter-
kommen und den anderen befehlen, ihn endlich in Ruhe zu lassen!
Tatsächlich erhob sich der Wärter, ging zu dem aufgeregten Mann,
nahm sich ein Megaphon und wandte sich an die anderen Arbeiter
in der Schneiderei: »Lasst den Meyer in Ruhe! Lasst den Meyer in
Ruhe!« Dann kehrte er wieder an seinen Platz zurück, der Gefangene
Meyer setzte sich wieder an seine Nähmaschine und arbeitete weiter, alle anderen fuhren ebenfalls mit ihren Arbeiten fort. In was für
eine absurde Situation war ich dort geraten? Am nächsten Morgen,
pünktlich um neun Uhr, wiederholte sich die ganze Szene: Wieder
schrie der Häftling, man solle ihn endlich in Ruhe lassen, wieder
kam der Wärter, nahm sich das Megaphon, forderte alle auf, Meyer in
Ruhe zu lassen, und wieder wunderte ich mich sehr. Ich fand dann
schnell heraus, dass das schon seit Jahren so ging und dass mein
Mitgefangener ganz offensichtlich psychisch gestört war – oder zumindest so tat, als sei er nicht mehr ganz richtig im Kopf. Denn nachdem das morgendliche Ritual abgelaufen war, gab er den Rest des
Tages Ruhe.

Auch andere Dinge im Knast waren ziemlich seltsam. Einmal wollte
ich den Anstaltsleiter fragen, ob ich regelmäßig in einer Gewichthe-
bergruppe oder im Kraftraum des Gefängnisses trainieren könnte,
um nicht aus der Übung zu geraten. Ich ließ mir also einen Termin
geben, und als ich ins Büro des Direktors kam, saß der hinter seinem
Schreibtisch – und auf dem Stuhl daneben hockte ein Gefangener,
der an der typischen blaugrauen Kleidung als Häftling zu erkennen
war und der ganz offensichtlich ebenfalls an diesem Schreibtisch
arbeitete. Ich wunderte mich, brachte aber dann doch mein Anliegen
vor. Es gebe ja viele, die hinter Gittern Kraftsport machen wollten,
antwortete der Leiter des Gefängnisses, aber in diesem Fall wisse er
leider nicht so genau, ob er mir, dem Häftling Graf, diesen Antrag
überhaupt genehmigen könnte. Ich sei schließlich als gewalttätig
und unberechenbar eingestuft worden. In diesem Moment klopfte
der Gefangene am Schreibtisch dem Anstaltsleiter auf die Schulter
und sagte, das nehme er schon auf seine Kappe. Ja, wenn das so sei,
dann gehe mein Anliegen schon in Ordnung, teilte mir der Direktor
ganz formell mit. Ich war mal wieder verwirrt. Der Leiter des Gefäng-

nisses musste sich erst von einem Häftling die Erlaubnis holen, um einem anderen Gefangenen die Teilnahme an einer Sportgruppe zu genehmigen? In den folgenden Wochen fand ich heraus, dass der Häftling, der da an der Seite des Direktors gesessen hatte, wegen Steuerhinterziehung zu zehn Jahren Haft verurteilt worden war und dass er mit dieser Qualifikation, sozusagen als Fachmann für Finanzen, den gesamten Schriftverkehr der Anstalt und die Buchhaltung und Kalkulation für die verschiedenen Gefängnisbetriebe erledigte.

Das war ein Geschäft, von dem beide Seite profitierten: Peter – so hieß der Steuerhinterzieher – hatte sich in der Anstalt unentbehrlich gemacht, indem er zum Beispiel die Bücher für den Bauhof des Gefängnisses führte. So konnte Material, das von Beamten für die Heimwerkerei zu Hause mitgenommen wurde, in den Unterlagen ebenso verschwinden wie eine ausgeliehene Baumaschine, die über Wochen nicht im Gefängnis zur Verfügung stand, weil einer der Wärter sie für den privaten Hausbau brauchte. Peter versteckte den Schwund so geschickt, dass er sich damit großen Einfluss erarbeitete und fast schon zur Leitungsebene des Gefängnisses gehörte. Entgegen den Vorschriften musste ich deshalb, wenn ich etwa mit meiner Mutter telefonieren wollte, nicht erst den vorgesehenen Antrag unterschreiben, sondern ich konnte mich direkt an Peter wenden. Der besorgte mir dann innerhalb kürzester Zeit die Erlaubnis, für die sonst schon mal ein paar Tage ins Land gehen konnten. Als Gegenleistung für diese Gefälligkeiten sorgte ich für seinen Schutz, denn Peter war bei anderen Häftlingen wegen seiner Nähe zur Anstaltsleitung nicht sonderlich beliebt und immer wieder von Mitgefangenen verprügelt worden. Jetzt wurde er zu meinem Schützling – und hatte ab diesem Moment weitgehend Ruhe. Auch in anderen Gefängnissen erlebte ich Zustände, die mir ziemlich surreal vorkamen. So hatte ich bei meinem ersten Knastaufenthalt in Mannheim Gefangene kennengelernt, die sich in der Schlosserei eigene Zellenschlüssel nachgemacht hatten! Mit Wissen der Vollzugsbeamten öffneten sie damit auch außerhalb der vorgesehenen Zeiten die Türen, besuchten sich gegenseitig und gingen sogar von Flur zu Flur, um mit anderen Häftlingen Zigaretten zu tauschen oder andere Geschäfte zu erledigen. Im Knast hatte sich ein regelrechter Parallel-Alltag entwickelt. Da gab es einmal den halbwegs geregelten offiziellen Tagesablauf – und daneben noch einen inoffiziellen. Die Währung für Geschäfte aller Art waren Tabak und Kaffee, seltener auch Bargeld und manchmal Beziehungen nach draußen. Auch ich beteiligte mich natürlich an diesen Geschäften, zum Beispiel mit selbst gemachtem Alkohol. Gekaufte oder auch in der Küche gestohlene Hefe wurde mit Orangensaft und viel Zucker verrührt und dann zwei Wochen lang stehen gelassen, bis die Mischung zu gären anfing. Das Ergebnis schmeckte zwar scheußlich und war nur mit viel Fantasie als weinähnliches Getränk zu bezeichnen, aber es entwickelte immerhin eine ähnlich berauschende Wirkung. Wer so ein Gesöff zusammenbraute, konnte es innerhalb der Gefängnismauern gut weiterverkaufen. Noch wertvoller aber war natürlich richtiger Alkohol. Im Mannheimer Gefängnis gab es einen Masseur, der zweimal pro Woche ins Krankenrevier kam, um behandlungsbedürftige Gefangene zu massieren. Mit dem kam ich ins Geschäft: Dafür, dass er Whisky und anderen Alkohol in die Anstalt schmuggelte, sorgte ich über meine Kontakte dafür, dass der Mann bei einigen Prostituierten, die ich noch von früher kannte, kostenlos bedient wurde. Für mich war das ein gutes Geschäft: Ich bekam nicht nur die Massagen – die musste ich mir verschreiben lassen, um unauffällig mit dem Whisky-Schmuggler Kontakt zu halten –, sondern konnte den eingeschmuggelten Alkohol hinterher auch noch gewinnbringend an Mitgefangene verkaufen. Hundert Mark kostete eine Flasche, aber Geld war hinter Gittern ohnehin kein Problem: Ich habe Gefangene kennengelernt, die hatten mehr als zwanzigtausend Mark in bar in ihren Zellen zur Verfügung.

Je mehr Knast-Erfahrungen ich sammelte, desto klarer wurde mir, welchen beschränkten Horizont die Leute hinter Gittern hatten, diese ganzen Selbstdarsteller, Schläger und mehr oder weniger Verrückten. Und ich merkte, dass ich nicht nur durch Prügeln, sondern auch durch Reden Dinge bewegen konnte: zum Beispiel alleine schon dadurch, dass ich die Vereinzelung vieler Gefangener durchbrach. Meine Gabe, Menschen zusammenzubringen, irritierte viele Beamte im Gefängnis. Denn normalerweise waren die Häftlinge auf sich alleine gestellt, jeder lebte für sich, und isolierte Gefangene waren ja für die Wärter auch viel leichter zu kontrollieren. Jetzt kam ich und brachte alles durcheinander: Unterschiedlichste Typen kooperierten plötzlich, die sich vorher aus dem Weg gegangen waren. Da war etwa Buddy, ein Drogendealer aus Heidelberg, der gerne Haschisch rauchte, mit An- und Verkauf des Stoffs seine eigene Sucht finanziert hatte und dafür auch verurteilt worden war. Buddy hatte Abitur, war politisch der linken Szene zuzuordnen, und ich unterhielt mich mit ihm und anderen immer wieder über politische Fragen. Ich spürte, dass diese Gespräche und Diskussionen mir halfen, nicht verrückt zu werden und mich nicht in Wahngedanken oder Depressionen zu verlieren. Zusammen mit den Sportangeboten, die ich ausgiebig nutzte, war das eine Art Selbstschutz, um nicht durchzudrehen im Knast. Andererseits war das wieder so eine Situation, wie ich sie schon von frühester Kindheit an kannte: mich in einem äußerst widrigen Umfeld mit List durchzuschlagen und dabei nicht vor die Hunde zu gehen.

Andere Gefangene taten sich damit deutlich schwerer. Viele der Zuhälter, die ich aus der Mannheimer Halbwelt kannte, benahmen sich im Gefängnis ganz anders als draußen. Kaum hinter Gittern, wurden sie zu regelrechten Mustergefangenen. Wer vorher – in Freiheit – noch bedenkenlos Gesetze übertreten hatte, verwandelte sich nach Haftantritt in einen fleißigen, kooperativen, biederen und spießigen Menschen. Da wurde gearbeitet wie verrückt, jede Anweisung des Gefängnispersonals umgehend befolgt, keinerlei Konflikt ausgetragen. Manche putzten in Pantoffeln ihre Zellen! Ich staunte immer wieder, bis mir klar wurde, dass es im Strafvollzug nicht um Wahrhaftigkeit, sondern um Ruhe ging. Zwar standen die charakterliche Besserung und die Resozialisierung der Häftlinge als offizielle Ziele über allem, doch in Wirklichkeit waren die Wärter vor allem daran interessiert, dass ein Gefangener ihnen keine Probleme bereitete. Ob er seine Einstellung wirklich änderte, ob er seine früheren Taten bereute, ob er sich auf ein zukünftiges straffreies Leben vorbereitete, alles das spielte keine Rolle. Gutes und angepasstes Verhalten war nur als Tauschware interessant: Wer dem Personal keine Schwierigkeiten machte, konnte auf frühzeitige Entlassung nach zwei Dritteln der eigentlichen Haftzeit hoffen. Dass ein Mensch, der psychisch und sozial intakt war, manchmal auch seine eigene Meinung hatte und mit Ecken und Kanten auftrat, war nicht vorgesehen. Vergünstigungen und Lockerungen im Vollzug wie Freigänge oder Urlaub bekamen nur die Angepassten, nicht die Aufrechten. Von daher war es verständlich, dass die Insassen mit Gefängniserfahrung ihr Verhalten sofort umstellten, wenn ihre Haftzeit begann. Ich passte mich diesen Strukturen an: Immer wieder gründete ich Boxgruppen im Gefängnis, was von den Beamten in der Regel gerne gesehen wurde – schließlich tat ich damit etwas gegen Aggressionen und Frustrationen unter meinen Mithäftlingen. Ansonsten nutzte ich meine alten Kontakte. So versorgte ich etwa einen Sozialarbeiter, der mir nicht kontrollierte Telefongespräche nach draußen möglich machte, mit der Telefonnummer einer früheren Bekannten, wo er dann kostenlosen Telefonsex genießen konnte.

Doch trotz solcher Geschäfte, trotz der Erleichterungen, die ich mir auf diese Weise erkaufte, trotz des Haschischs, das ich gegen Langeweile und Frust rauchte – die meisten Tage im Gefängnis haben mich einfach nur runtergezogen und so richtig fertiggemacht. Und weil die eigene Person so reduziert war auf die Rolle des machtlosen, untergeordneten Gefangenen, der nach den Regeln anderer zu funktionieren hatte, bestand jederzeit die Gefahr einer aggressiven Explosion.

MEUTEREI IN MANNHEIM

UMSO MEHR sehnte ich meine Entlassung herbei. Die Rückkehr in die Freiheit, das Wiedersehen mit meiner Mutter und meinen Mannheimer Kumpels, alles das erlebte ich jetzt schon zum zweiten Mal. Genauso wie den Zuspruch meiner Freunde aus dem Milieu, die mir sofort neue Jobs und Beteiligungen anboten, ihre neuesten Oberklasse-Autos und Luxus-Uhren vorführten und wieder und wieder vom leichten und sündigen Leben schwärmten. Ich hatte mir jedoch fest vorgenommen, diesen naheliegenden Weg nicht wieder einzuschlagen und den Verlockungen zu widerstehen – und so nahm ich nach meiner Entlassung als Erstes mein Boxtraining wieder auf. Am 12. Juni 1982 – mehr als sieben Jahre nach meinem letzten Kampf gegen Flemming Jensen – stand ich endlich wieder im Ring. Es war mir egal, dass der Kampf nur in Mannheim stattfand, dass mein Gegner Claus Parge aus Stuttgart seinen ersten Fight überhaupt bestritt und dass der Kampf nur über vier Runden ging: Hauptsache, ich konnte wieder boxen, konnte tänzeln wie Ali, mit dem Publikum flirten und den Applaus genießen. Sechs Kämpfe wurden an diesem Abend ausgetragen. Unter anderem siegte der Deutsche Meister im Leichtgewicht, René Weller, gegen den US-Amerikaner Floyd »Roberto« Pearson durch K.o. in der dritten Runde, und der deutsche Mittelgewichtsmeister Frank Wissenbach verteidigte im Hauptkampf seinen Titel gegen Rüdiger Bitterling. Mein Kampf war – wieder einmal – nur der Rausschmeißer aus dem Programm, eine Art Unterhaltungszugabe für die Zuschauer. Es reichte auch nur zu einem Unentschieden. Und trotzdem hatte ich das Gefühl, erst an diesem Abend richtig in die Freiheit zurückgekehrt zu sein. Es war ein wirklicher Neubeginn nach meiner Entlassung aus dem Knast.

Das Unentschieden gegen einen Neuling allerdings gab mir zu denken. Schnelle Kämpfe und schnelle Siege gegen anerkannte Gegner waren nach den Jahren in Haft eine Illusion – stattdessen musste ich zum wiederholten Mal ganz von vorne anfangen, mich wieder einmal nach oben durchboxen. Mein nächster Gegner ein halbes Jahr später war der Österreicher Helmuth Owessle, der sechs Jahre jünger als ich war. Er hatte eine relativ ausgeglichene Kampfbilanz vorzuweisen, als er am 13. November 1982 nach Mannheim kam: sieben Siege, fünf Niederlagen und ein Unentschieden. Sechs Runden lang standen wir uns gegenüber, bevor ich am Ende von den Ringrichtern zum Punktsieger erklärt wurde.

Mein langsamer sportlicher Wiederaufstieg brachte es mit sich, dass ich auch wieder Ausflüge ins Milieu unternahm. Geld konnte ich im Mannheimer Rotlichtviertel immer noch leichter und schneller verdienen als im Boxring. Zwar hatte ich mir im Gefängnis geschworen, nicht wieder in die Kriminalität abzurutschen, aber draußen, in Freiheit, war es ganz schön schwierig, meine guten Vorsätze einzuhalten. Hinter Gittern hatte ich gelernt, dass es vor allem die kleinen Fische waren, die sich nicht lange in Freiheit halten konnten. Sie kamen immer wieder zurück in den Knast, während die Drahtzieher es mit zunehmender Professionalisierung schafften, trotz Verstrickungen ins Milieu nicht mehr verurteilt zu werden. Und wenn doch mal einer von denen in den Bau gesteckt wurde, ging es ihm im Gefängnis auch nicht unbedingt schlecht: Versorgt mit Geld und ausgestattet mit guten Kontakten zur Anstaltsleitung, beherrschten sie das Spiel um Aufmerksamkeiten und Gefälligkeiten perfekt. Sie wussten, welche Kontakte sie spielen lassen mussten, um mal eine Extraschachtel Zigaretten zu bekommen oder einen besseren Gefangenenjob. Wer sich dagegen nicht anpassen konnte, der scheiterte drinnen und draußen. Ich selber zählte mich – natürlich – nicht zu den kleinen Fischen, sondern war fest davon überzeugt, das Spiel der Großen zu beherrschen. Aber ich hatte die Schwierigkeiten unterschätzt, ohne Geld, Wohnung und Arbeit ganz von vorne anfangen zu müssen. Ein Begleitung durch Bewährungshelfer oder Sozialarbeiter bei der Suche nach einer Stelle und einer Bleibe gab es für mich nicht. Ich fühlte mich wie ein Mensch mit Magengeschwür, der im Krankenhaus operiert wird und danach genau in die Umstände zurückgeschickt wird, die das Magengeschwür erst haben entstehen lassen. So war der Weg zurück ins Krankenhaus vorgezeichnet.

Wiederum wurde ich verhaftet, verurteilt und ins Gefängnis gesteckt. Nötigung, Körperverletzung, Zuhälterei und Vergewaltigung in einem minder schweren Fall wurden mir diesmal angelastet. Zum Haftantritt hatte ich es nicht weit: Die Herzogenriedstraße in Mannheim, Standort der Justizvollzugsanstalt, lag nur ein paar Straßen von meiner Wohnung entfernt. In dem Backsteinbau kannte ich mich ja mittlerweile schon aus. Ein paar Wochen später erhielt ich die Nachricht, dass meine Mutter schwer erkrankt war. Ich beantragte sofort eine Ausführung, um sie im Krankenhaus zu besuchen, denn es war überhaupt nicht sicher, ob sie überleben würde. Ich war voller Kummer und Sorge und bot im Gespräch mit dem zuständigen Beamten sogar an, dass er mir Handschellen und Fußfesseln anlegen könne, Hauptsache, ich könnte meine Mutter sehen. Ich war völlig verzweifelt. Doch der Assessor antwortete nur barsch, dass sich ein solcher Aufwand bei mir nicht lohne – das machte mich natürlich mehr als wütend.

In der Berichterstattung über die Demonstrationen im kommunistischen Polen hatte ich ein paar Jahre zuvor ein Wort aufgeschnappt, das mir jetzt wieder einfiel. »Solidarität!«, schrie ich zornig, als man mich durch den Hof führte, in dem andere Gefangene gerade Ausgang hatten. Immer wieder rief ich laut und wütend: »Solidarität!« Die anderen wussten zwar nicht, um was es ging, griffen den Ruf aber auf: »Solidarität!« Irgendwie verselbständigte sich das Rufen und Schreien auf dem Hof und in den Fluren der Anstalt. Kurz darauf ertönte über Lautsprecher die Klingel, die den Hofgang beendete und für die Gefangenen eigentlich das Signal war, sofort in ihre Zellen zurückzukehren. Doch diesmal blieben alle stehen, schauten sich um, kosteten den kurzen Moment aus, in dem sie sich den Befehlen der Beamten widersetzten. Die Wärter wiederum wussten nicht, was sie mit uns machen sollten, und zögerten einzugreifen. Die ganze Situation war ihnen unheimlich.

Als ich von meinen Mitgefangenen gefragt wurde, was denn los sei, erzählte ich nicht etwa von meiner Mutter, sondern schimpfte auf das schlechte Gefängnisessen, über das es in den Wochen zuvor schon oft Beschwerden vonseiten der Häftlinge gegeben hatte. Das Stichwort Essen reichte, um sofort von allen Seiten Zustimmung zu erhalten. Ganz spontan hatten die Mannheimer Häftlinge damit eine

Meuterei begonnen, und ich war ebenso ungeplant ihr Anführer geworden.

Dass ich bei diesem Aufstand eine zentrale Rolle spielte, war allerdings nicht völlig überraschend. Denn schon zuvor hatte ich Häftlinge zusammengebracht, weil ich gemeinsame sportliche Aktivitäten angeschoben hatte: Fitnesstraining, vor allem aber Boxen. Da machten Intellektuelle und Zuhälter, Steuerhinterzieher und Straßenschläger mit – Leute, die sonst kaum etwas miteinander zu tun hatten. Auch auf anderer Ebene hatte ich mich eingemischt und Neulingen in der Anstalt geholfen: Wenn neue Gefangene nach ihrer Verhaftung in die Justizvollzugsanstalt eingeliefert wurden, waren sie in der Regel gezwungen, ihre Uhren, Ringe und Schmuck oder Kleidungsstücke zu verkaufen. Das war ihre einzige Chance, um in den anstaltsinternen Tauschhandel einzusteigen, bevor sie durch Gefangenenarbeit zumindest etwas Geld verdienen konnten. Ich hatte mich oft darüber aufgeregt, dass länger einsitzende Gefangene die Notlage der Neulinge ausnutzten, indem sie ihnen etwa für wertvolle Uhren nur einen Bruchteil des Gegenwerts in Naturalien gaben. So gründete ich zusammen mit ein paar anderen eine informelle Gruppe, die es sich zur Aufgabe gemacht hatte, Tabak und Kaffee zusammenzulegen und an neu eingelieferte Mithäftlinge zu verteilen. Wir waren so eine Art Naturalien-Bank für Neulinge.

Später halfen die ehemaligen Neuen dann ihrerseits mit, andere Neuzugänge zu versorgen – das war gelebte Solidarität. So rutschte ich bei diesem Aufstand in eine Führungsposition hinein, die mir zu Beginn selber nicht recht geheuer war. Doch weil die Wärter nicht eingriffen, wurde der von uns Gefangenen kontrollierte Bereich innerhalb der Anstalt immer größer. Fast drei Wochen lang verweigerten wir die Arbeit, organisierten das Anstaltsleben eigenmächtig und diskutierten darüber, was sich bessern müsste. Am meisten Gedanken machten sich ein Holländer, ein Türke und ein Italiener – und eben ich, als einziger Deutscher. Wir wurden langsam, aber sicher zu Rädelsführern der Meuterei, denn immer wieder wurden wir von den anderen gefragt, wie es denn nun weitergehen sollte. Auch die Gefängnisleitung hielt sich an uns, als es darum ging, den Häftlingen ein Komitee zuzubilligen, das Forderungen formulieren und mit dem Direktor verhandeln sollte. Tagelange hockten wir Verhandlungsführer zusammen, um eine Liste unserer Forderungen aufzustellen. Das alleine war schon anstrengend genug, doch der Stress wurde noch größer, als die Anstaltsleitung immer wieder nachfragte, wann man denn nun endlich verhandeln könne. Gleichzeitig fühlten wir uns auch noch dafür verantwortlich, dass die Anspannung unter den 1100 Mannheimer Gefangenen nicht aus dem Ruder lief. Denn dort im Knast waren etliche Männer untergebracht, die miteinander noch die eine oder andere Rechnung offen hatten, weil sie sich zum Beispiel durch ihre Zeugenaussagen gegenseitig ins Gefängnis gebracht hatten.

Die Situation begann zu eskalieren und gefährlich zu werden: Einmal kam ich im letzten Moment dazu, als sich zwei Häftlinge bereits mit Messern gegenüberstanden und der eine den anderen abstechen wollte. Ich musste die Streithähne mit Gewalt trennen. Dass das Komitee solche internen Ordnungsaufgaben auch noch mit erledigen musste, war dem Direktor wohl nicht klar. Er sorgte stattdessen dafür, dass auf Mauern und Wachtürmen des Gefängnisses Scharfschützen der Polizei in Stellung gingen, die die meuternden Gefangenen innerhalb der Anstalt Tag und Nacht im Visier hatten. Wir Anführer fühlten uns in die Enge getrieben. So saßen wir einige Tage nach Beginn der Meuterei in einer Zelle zusammen und arbeiteten an unserem Forderungskatalog. Weil die Ideen nicht sprudeln wollten, wurde erst einmal ein Joint herumgereicht. Irgendwann fing einer aus der Gruppe an zu kichern, andere stimmten ein, und plötzlich, unter dem Einfluss des Haschischs, war die Anspannung der letzten Tage verschwunden. Erst jetzt bemerkten wir die Komik der Situation: Wie wir da zusammenhockten und rauchten, während draußen die Scharfschützen und Sondereinheiten warteten; wie der niederländische Gefangene mit einem Kugelschreiber vor dem Blatt Papier für die Forderungen saß und über den Punkt »besseres Mittagessen« nicht hinauskam; wie aus einem zornig über den Hof gebrüllten »Solidarität!« ein wochenlanger Aufstand der 1100 Gefangenen werden konnte. Zwei Stunden saßen wir zusammen und lachten, bis uns die Tränen kamen.

Wir erzählten uns Anekdoten aus dem Knast – ich gab die Story von dem Sozialarbeiter, dem ich zum Telefonsex verholfen hatte, zum Besten, oder die Geschichte von den drei Whisky-Flaschen in einer

Tüte, mit denen ich von einem Wärter mal erwischt worden war. Nachdem er in die Tüte geschaut hatte, wollte er zwei Flaschen selber einstecken und mir nur eine zurückgeben. Doch das ließ ich mir nicht gefallen und fing Diskussionen über Gerechtigkeit und Ungerechtigkeit an, so dass ich tatsächlich zwei Flaschen mit in meine Zelle nehmen konnte.

Solche Geschichten konnte jeder von uns beitragen, und die fröhliche Sitzung des Komitees ging noch lange weiter. Es war für uns ein befreiendes Erlebnis, unsere Macht zu spüren und zu fühlen, dass wir mit unseren Aktionen den Beamten Angst machen konnten. Normalerweise waren die Verhältnisse ja genau umgekehrt gewesen. Jedoch war unser Forderungskatalog, der am Ende herauskam, immer noch ziemlich dünn. Die Verhandlungen zwischen dem Gefangenen-Komitee und der Anstaltsleitung zogen sich über Tage hin. Zwischendurch machte der Direktor mir bei einem Vier-Augen-Gespräch ein Angebot: Ich wollte doch sicher mal öfter Ausgang haben, um meine Mutter besuchen zu können, vielleicht auch Hafturlaub oder eine vorzeitige Entlassung wegen guter Führung nach zwei Dritteln der Zeit. Wenn ich jetzt, als Sprecher der Meuterer, kooperierte, dann werde die Direktion über solche Vergünstigungen nachdenken. Doch ich wollte mich von denen nicht kaufen lassen und lehnte ab – obwohl ich genau wusste, dass viele meiner Mithäftlinge in einer solchen Situation anders gehandelt hätten. Denn jeder wäre um jeden einzelnen Tag froh gewesen, den er weniger hinter diesen Mauern hätte verbringen müssen – auch ich. Aber ich wollte die anderen nicht verraten und blieb standhaft. Ich fühlte mich nicht als Held, aber eine Kameradensau wollte ich auch nicht sein. Ein paar Tage später wurde ich noch einmal in die Verwaltung gerufen – ich hätte Besuch und sollte bitte mitkommen. Ohne Argwohn ging ich in den Besuchsraum. Doch weder meine Freunde, Verwandten oder – wie ich heimlich gehofft hatte – meine Mutter warteten auf mich, sondern mehr als zwanzig schwer bewaffnete Polizisten, die mich sofort umringten, überwältigten und aus dem Mannheimer Gefängnis eskortierten. Der Anführer der Meuterei war besiegt, so sah die Gefängnisleitung die Sache. Und noch am gleichen Tag wurde ich in den härtesten Knast Deutschlands gebracht.

STUTTGART-STAMMHEIM

ALS ANGEBLICHER RÄDELSFÜHRER wurde ich nach Stuttgart-Stammheim verlegt, in das 1964 in Betrieb genommene Hochsicherheitsgefängnis, in dem zeitweise auch bis zu neun Terroristen der Rote-Armee-Fraktion untergebracht gewesen waren. Zuerst kam ich in eine so genannte Gummizelle und wurde total isoliert. So sollte mein Willen gebrochen und meine Aufsässigkeit bekämpft werden. Diese Zelle bot keinerlei Reiz für die Augen, keine Abwechslung, kein Fenster – nichts. Man wusste nicht, ob gerade Tag oder Nacht war. Damit die Gefangenen sich nicht verletzen konnten, waren die Wände mit einer gummiartigen Polsterung überzogen – daher der Name. So sollte ich bestraft werden für meine Rolle beim Mannheimer Aufstand der Gefangenen. Es war die Hölle. Ich tobte und schrie, ich schlug gegen die Wände – so lange, bis meine Wut so weit verebbt war, dass die Vollzugsbeamten es wagten, mich wieder in eine normale Zelle zu verlegen. Doch ich galt weiterhin als unberechenbar, aufbrausend und cholerisch.

Offenbar waren es genau jene Eigenschaften, die die Stammheimer Wachmannschaft auf eine Idee brachten: Ich, der massige und gefährliche Schläger, sollte einen anderen, eher schmächtigen Gefangenen mal ein wenig zur Räson bringen, weil jener die Gefängnisverwaltung mit ständigen Diskussionen, Beschwerden und Eingaben nervte. Auf dem Dach des Knasts gab es einen Platz für den Hofgang: Eine eingezäunte und in alle Richtungen abgesicherte Fläche. Sogar nach oben hin war ein Stahlnetz gespannt – damit die in Stammheim untergebrachten Terroristen nicht etwa mit einem Hubschrauber befreit werden konnten. Wegen dieser Rundum-Vergitterung hieß der Platz bei den Gefangenen »Affenkäfig«, und er war vor allem trist: Beton und Stahl überall, dazu eine einsame Tischtennisplatte, natürlich auch aus Beton. Dort tauchte eines Tages während meiner Stunde an der frischen Luft dieser andere Häftling auf. Der war bisher zu seinem gesetzlich vorgeschrieben Hofgang immer alleine ausgeführt worden – als disziplinierende und strafverschärfende Maßnahme, die offiziell mit Sicherheitsbedenken begründet worden war. Gegen diese Isolation hatte er in einem Verfahren geklagt und vor dem Bundesgerichtshof Recht bekommen: Ihm stand ein Kompagnon beim Hofgang zu, und diese Rolle war, ohne dass ich diese Hintergründe damals kannte, mir zugefallen. Ich trug wie meistens meinen Kapuzenpullover und machte Schattenboxen, als der andere dazukam. »He, weswegen bist du denn hier drin, du Zwerg?«, fragte ich ihn und verließ mich darauf, dass meine massige Gestalt schon für die notwendige Einschüchterung sorgen würde. »Und warum bist du hier drin, du vollgefressener Riese?«, giftete der Angesprochene prompt zurück. Ich war total erstaunt und dachte kurz darüber nach, ob ich den Zwerg sofort oder lieber später vermöbeln sollte.

Der andere, das ist Peter-Jürgen Boock, 1951 und damit im selben Jahr wie Charly geboren. Auch Boock hatte, wie sein Mitgefangener, noch vor dem achtzehnten Lebensjahr sein Elternhaus verlassen, allerdings aus ganz anderen Gründen als Charly. Boock war 1968 nach Streitereien mit seinem Vater, den er später als »überzeugten Nazi« bezeichnete, in eine Kommune in die Niederlande gezogen, kam von dort ein Jahr später über Umwege in ein hessisches Erziehungsheim und lernte hier unter anderem Andreas Baader und Gudrun Ensslin kennen. Die hatten zu diesem Zeitpunkt bereits eine Verurteilung wegen einer Kaufhausbrandstiftung als Protest gegen den Vietnamkrieg hinter sich; Boock folgte ihnen nach Frankfurt. Mitte der 1970er Jahre ging er dann, ideologisch längst auf Linie gebracht, in den Untergrund, erhielt eine militärische Ausbildung und war, so stellten es seine Richter später fest, am 30. Juli 1977 an der Ermordung von Jürgen Ponto beteiligt, dem Vorstandsvorsitzenden der Deutschen Bank, der eigentlich entführt werden sollte. Auch beim gescheiterten Anschlag der RAF mit einem Raketenwerfer auf die Bundesanwaltschaft am 25. August 1977 war Boock dabei – und bei der Entführung von Hanns Martin Schleyer am 5. September 1977 in Köln. Das RAF-»Kommando Siegfried Hausner« ermordete Schleyers Begleiter und brachte den Arbeitgeberpräsidenten in seine Gewalt, um mit ihm als Geisel die in den deutschen Gefängnissen einsitzenden RAF-Gefangenen freizupressen. Boock hatte sich Anfang 1980 von der RAF losgesagt und war ein Jahr später in Hamburg verhaftet worden. Als er und Charly sich auf dem Dach des Hochsicherheitsgefängnisses treffen, liegen Boocks Prozesse wegen Mitgliedschaft in einer terroristischen Vereinigung und wegen der Beteiligung an der Ermordung von Ponto, Schleyer und Schleyers Begleitern noch vor ihm.

Da standen wir uns also in dieser Betonwüste gegenüber: ein kleiner, dünner Intellektueller und ein großer, breitschultriger Schläger – und wir schenkten uns nichts. Verbal zogen wir alle Register, beschimpften und beleidigten einander ausgiebig. Doch irgendetwas an Peter-Jürgen Boocks Verhalten hielt mich davon ab, ihm eine reinzuhauen. Vielleicht war es die hemmungslose Offenheit, mit der der Terrorist meine Schwächen erkannte und benannte. Oder die Schärfe und Genauigkeit, mit der er seine Worte wählte. Jedenfalls verzichtete ich auf die körperlichen Schläge – und unterlief damit nicht nur das Kalkül des Gefängnispersonals, sondern fand in Boock letztlich auch einen Freund, der für mich in den kommenden Jahren noch wichtig werden sollte. Aus unseren verbalen Scharmützeln entwickelte sich eine Beziehung, aus der wir beide unseren Nutzen zogen: Unser zweistündiger gemeinsamer Hofgang wurde klar eingeteilt. Eine Stunde lang trainierte ich den schmächtigen Terroristen und baute ihn körperlich auf; in der zweiten Stunde wurde dann über Politik, Ideologien und Literatur diskutiert. Von Peter-Jürgen Boock lernte ich den Umgang mit der Gefängnisbürokratie: dass man nicht nach dem ersten abgelehnten Antrag klein beigab, sondern so lange immer wieder neue Schreiben aufsetzte, bis eine Verbesserung erreicht war. Von der Baader-Meinhof-Bande hatte ich vorher schon gehört, aber Politik hatte mich eigentlich nicht weiter interessiert. Erst jetzt lernte ich, durch Boocks Erzählungen, mehr über die Auseinandersetzungen rund um die Rote Armee Fraktion in den 1970er Jahren in Deutschland. Außerdem ging es wieder und wieder um unsere Lebensgeschichten, um die Frage, wie diese beiden Leben anders hätten verlaufen können. Und ich, der ich ja als Kind keine

Bücher besessen hatte und auch in meinem späteren Leben mit Literatur nicht viel am Hut hatte, fing an, Dostojewski und Brecht, Hesse und Böll, Faulkner und Thomas Mann zu lesen und ein politisches und soziales Bewusstsein zu entwickeln. Dadurch, dass ich plötzlich nicht mehr nur meinen Körper, sondern auch meinen Kopf trainierte, erschlossen sich für mich völlig neue Welten. Was kein Sozialarbeiter vorher geschafft hatte, gelang dem Terroristen: Zum ersten Mal in meinem Leben stellte ich mich selbst infrage. Er sorgte dafür, dass ich kritisch über mein Leben, meinen bisherigen Weg und meine Einstellungen nachdachte. Und so fing ich an, mir über meine Zukunft Gedanken zu machen. Sollte es immer so weitergehen mit meinen Milieu-Bekanntschaften, schlecht bezahlten Boxkämpfen, kriminellen Ausrutschern und neuerlichen Knast-Aufenthalten? Wollte ich mit 140 Kilogramm, die ich mittlerweile im Knast auf die Waage brachte, durchs Leben laufen und nicht mehr in der Lage sein, fünfzig Meter zu sprinten? Peter-Jürgen Boock brachte mich bei unseren Gesprächen auf den entscheidenden Gedanken: Ich, der ich nichts anderes als Boxen gelernt hatte, müsste mich auf die Zeit nach dem Knast gezielt vorbereiten – mit Box-Training, um anschließend wieder als Profi-Sportler antreten zu können. Denn eine andere berufliche Alternative gab es für mich nicht, wenn ich nicht wieder in die Kriminalität abrutschen wollte. Diese Idee von einem geregelten Training war angesichts der tatsächlichen Verhältnisse im Strafvollzug ziemlich gewagt. Denn wo sollte ich hinter den Gefängnismauern ordentlich trainieren können? Wo kämen die benötigten Trainingspartner her, und wer sollte überhaupt als Coach agieren? Mit Boock konnte ich zwar reden – aber als Trainingspartner fiel dieser unsportliche Fliegengewichtler natürlich aus. Die Zweifel überwogen – und trotzdem setzte sich die Idee von einem Neuanfang in meinem Kopf fest. Beim Krafttraining und beim Seilspringen, bei den Schlägen gegen die an der Wand der Zelle hochkant aufgestellte Matratze, immer wieder dachte ich an mein Comeback.

Gab es einen Weg zurück in den Ring? Das schien beim Blick durch das vergitterte Fensterloch reine Spinnerei zu sein. Gleichzeitig aber gab mir dieses Nachdenken Kraft und ein neues Selbstbewusstsein. Aus dem Knast heraus, das wurde mir in meiner Zeit in Stammheim klar, hatte ich mit viel Glück vielleicht die Chance, noch einmal meine Boxkarriere in Angriff zu nehmen. Und diese Chance, das schwor ich mir in meiner Zelle, diese Chance würde ich wahrnehmen und damit mein Leben endlich ins Positive wenden. Das war ein Wahnsinnplan, das war mir von Anfang an klar: Nie zuvor hatte es in Deutschland jemand geschafft, aus dem Gefängnis heraus eine professionelle Sportkarriere zu verfolgen. Aber auch der verrückteste Plan, der längste Weg beginnt mit dem ersten Schritt. Ich schwor mir: Ich, Charly Graf, würde der erste sein. Und so schrieb ich den üblichen Antrag an die Gefängnisleitung, der bei uns im Knast »Bitt-Rapport« genannt wurde: »Ich bitte hiermit höflichst, am Sport teilnehmen zu dürfen.«

Gefangenen erlauben, Sport zu treiben, vielleicht sogar Leistungssport? Die Stimmung in der Gesellschaft ist eine ganz andere. Noch ein paar Jahre zuvor hatte es nur vereinzelte Proteste gegeben, als der Vorsitzende des Niedersächsischen Landessportbunds, Albert Lepa, sich weigerte, Häftlingen aus der Justizvollzugsanstalt Wolfenbüttel das Deutsche Sportabzeichen in Bronze zu verleihen. Die Gefangenen dort hatten monatelang trainiert und waren dabei von Mitarbeitern der Technischen Universität Braunschweig unterstützt worden. Alle erforderlichen Leistungen wurden zwar erbracht, doch Lepa blieb bei seinen Prinzipien: »Wir verleihen keine Sportabzeichen an Zuchthäusler.« Nicht einmal der Einwand des Anstaltsleiters, dass ein Gefängnis kein Zuchthaus mehr sei, sondern im Sinne eines modernen Strafvollzugs der Resozialisierung der Häftlinge diene, konnte den Sportfunktionär umstimmen: »Es kommt überhaupt nicht in Frage, dass das Sportabzeichen an diese Menschen verliehen wird«, und im Übrigen sei es eine »Zumutung, dass die sich da im Gefängnis in ihrer Strafkleidung versammeln, und dann geht einer von uns hin und verleiht denen ein Ehrenzeichen«. Erst wenn die Häftlinge wieder entlassen wären, so der Sportfunktionär, stehe es ihnen frei, sich um das Sportabzeichen zu bewerben: »Dann können sie ja in unserer Gemeinschaft auch wieder mitmarschieren.« Auf ähnliche Skepsis stoßen auch andere, ähnliche Resozialisierungsprojekte in deutschen Haftanstalten: Der in der JVA Vechta gegründete Anstalts-Fußballclub »Spiel- und Sportverein 71 Vechta«, der vom ehemaligen Bremer Bun-

desligaprofi und Nationalspieler Sepp Piontek betreut wird, findet anfangs nur mit Mühe Gegner für Wettkämpfe mit bürgerlichen Clubs, weil der zuständige Landessportbund seinen Mitgliedsmannschaften verboten hat, gegen die nicht anerkannte Häftlingsmannschaft anzutreten. In der Jugendstrafanstalt Ottweiler im Saarland lautet die Begründung für fehlende Sportangebote »Personalmangel«, obwohl sich Sportstudenten als ehrenamtliche Helfer angeboten hatten. In Bruchsal hatten die Häftlinge lange auf den Bau eines eigenen Sportplatzes warten müssen und hatten vorher das Lauftraining während des normalen Hofgangs geübt – im Zickzack zwischen den anderen Gefangenen her. Expander mussten sie aus Abfallgummis mühsam selber herstellen, für Kraftübungen blieb vielen nur das Hochstemmen von Nachttischchen oder Bettgestellen. Und in Saarbrücken, berichtet DER SPIEGEL ungläubig, wurde den Gefangenen sogar verboten, während des Hofgangs zu laufen. Dabei gibt es bereits seit Ende der 1960er Jahre immer wieder prominente Sportler, die den Kontakt zu den Häftlingen nicht scheuen und immer wieder Besuche in Gefängnissen machen: die Boxer Norbert Grupe und Horst Benedens ebenso wie die Fußballer von Borussia Mönchengladbach.

Es ist also mehr oder weniger Glückssache, ob ein Häftling die Möglichkeiten zu der sportlichen Betätigung bekommt, die er sich wünscht. Und es ist ganz und gar nicht der Normalfall, dass sich ein Boxer aus der Zelle heraus zurück in seine Profikarriere kämpft.

Als Erstes musste ich die Gefängnisleitung überzeugen, mich überhaupt draußen, außerhalb der Haftanstalt, boxen zu lassen. Denn dass es einen echten Profikampf im Knast geben würde, das glaubte ich selber nicht. Als ich schließlich von Stuttgart-Stammheim in die JVA nach Ludwigsburg verlegt wurde, trieb ich diesen Plan weiter voran. Immer wieder mal wurden wir als Gefangene von einem Gefängnis ins andere verlegt – und in gewisser Weise bot das ja die Chance für einen Neuanfang, auch wenn der neue Anstaltsleiter natürlich die alten Akten zu lesen bekam. Peter-Jürgen Boock hatte mir, bevor ich aus Stammheim weggebracht wurde, eine Reihe Tipps und Ratschläge mit auf den Weg gegeben, wie ich die Vorbereitung auf ein mögliches Comeback als Berufsboxer strategisch angehen könnte.

Und so meldete ich mich ein paar Wochen nach meiner Ankunft unter einem Vorwand zu einem Gespräch mit dem Ludwigsburger Anstaltsleiter an. Mir ging es vor allem darum, diesen Mann kennenzulernen – und ich merkte schnell, dass er mich nicht wirklich ernst nahm, sondern in mir zunächst den Querulanten sah, als der ich in den Akten beschrieben wurde. Unterschätzt und für doof gehalten zu werden war nicht das Schlechteste, was mir passieren konnte. Ich registrierte aufmerksam, dass der junge und erfolgreiche Beamte eine gewisse Arroganz an den Tag legte und für Beifall und Zuspruch offenbar sehr empfänglich war. Für mich war damit schnell klar, wie ich den Mann für meine Ziele einspannen konnte. Noch am selben Abend setzte ich in meiner Zelle einen Brief an Karl Lodermair in Stuttgart auf. Der war Boxpromoter in der Schwabenmetropole, verdiente sein Geld aber vor allem als Betreiber mehrerer Bars und Bordelle. Um diesen Geschäftsmann zu überzeugen, mich unter seine Fittiche zu nehmen, tischte ich ihm in meinem Brief eine faustdicke Lüge auf: Die Anstaltsleitung in Ludwigsburg, schrieb ich, würde mir Ausgang gewähren, wenn Lodermair einen Kampfabend auf die Beine stellen würde. Das Ganze sei ein neuartiger Versuch, mich zu resozialisieren. Und das wäre doch eine höchst attraktive Geschichte, die Lodermair gut verkaufen könne, schwärmte ich in meinem Brief weiter: ein exotischer Boxer, der direkt aus dem Knast in den Ring marschierte, das war eine einmalige Story. Das Problem dabei: Eine solche Zusage der Gefängnisleitung gab es gar nicht.

Doch Karl Lodermair hatte angebissen. Sportlich glaubte er zwar überhaupt nicht an mich, denn ich war ja schließlich seit Jahren raus aus der Szene, aber das Spektakel, einen Knastinsassen im Ring zu haben, lockte ihn an. Dass er mir den Sieg gar nicht zutraute, äußerte Lodermair zwar nicht offen, aber es war ihm deutlich anzumerken, als er mich eine Woche später im Gefängnis besuchte – auch wenn er mir sofort wortreich versicherte, er glaube unbedingt an meine Chance und wolle alles tun, um mich bei meinem Resozialisierungskampf zu unterstützen. Mir waren diese Sprüche in diesem Moment egal, ich verfolgte einfach weiter meinen Plan, den Anstaltsleiter ohne dessen Wissen zu meinem Komplizen zu machen. So legte ich Karl Lodermair nahe, möglichst bald mit der Geschichte vom Resozialisierungskampf an die Presse zu gehen – und dabei auf gar keinen Fall zu vergessen, den besonders fähigen Gefängnisleiter zu erwähnen, dem ich, Charly, das alles zu verdanken hätte und der so mutig und weitsichtig zugleich sei, einen Boxkampf als Maßnahme zur Wiedereingliederung von Strafgefangenen in die Gesellschaft durchführen zu wollen.

Der Trick funktionierte: In vielen deutschen Zeitungen erschien die Story vom angeblichen Ludwigsburger Resozialisierungs-Experiment, von dem die Anstaltsleitung bis dahin – natürlich – gar nichts wusste. Kein Wunder also, dass ich kurz darauf mit barschen Worten zum Direktor beordert und sofort von einem Wärter dorthin geführt wurde.

Jetzt fliegt alles auf, dachte ich und machte mich auf eine gehörige Standpauke und auf einen verschärften Vollzug als Strafe gefasst, als wir vor der Tür des Direktors standen und der Wärter klopfte.

Der Anstaltsleiter öffnete. Doch ganz anders als von mir erwartet, blickte ich nicht etwa in ein wutentbranntes, sondern in ein lächelndes Gesicht. Auf dem Besuchertischchen im Büro des Direktors standen Kaffee und Kuchen bereit, und er erkundigte sich sofort nach dem Stand meiner Vorbereitungen. Wie es denn mit der körperlichen Fitness aussehe? Ob die Zeiten für das Training ausreichend seien? Ob ich ausreichend verpflegt werde, um auch richtig zu Kräften zu kommen? Ich musste mich mehrmals zwicken und kam aus dem Staunen nicht mehr heraus. Und als der Anstaltsleiter hörte, dass ich keine Geräte wie etwa einen Boxsack oder Hanteln hatte, regte er sich regelrecht auf. Schon ein paar Tage später hatte die Gefängnisverwaltung Boxsäcke kaufen lassen, und ich genoss ein ganz besonderes Tagesprogramm: Morgens um halb fünf startete ich mit einsamen Joggingrunden im Hof des Gefängnisses, bevor ich dann, zusammen mit anderen Häftlingen, meine Arbeit in der Küche aufnahm. Auch die Mittagspause nutzte ich für individuelle Trainingseinheiten, genauso die Abende in der Zelle. Und die Unterstützung durch den Anstaltsleiter ging noch weiter: Er erkundigte sich, ob ich einen Trainer kannte, der mich auch innerhalb des Gefängnisses betreuen könnte. Eugen Gruber war ein alter Bekannter, hatte es durch fast 150 Amateurkämpfe als Boxer zum Stuttgarter Lokalmatador gebracht und sagte, als die Anfrage kam, sofort zu, zumal er auch freundschaftlichen Kontakt zu einigen von meinen Bewachern pflegte. Zweimal wöchentlich, immer montags und freitags abends um halb sieben, kam der gelernte KfZ-Mechaniker Gruber ins Gefängnis, arbeitete mit mir für 75 Mark Tagesgage und bereitete mich auf den Kampf in Stuttgart vor, der am 20. Juli 1984 gegen den Niederländer Andre van den Oetelaar stattfinden sollte.

Allen Beteiligten ist klar: Charly Graf war zwar früher mal die deutsche Boxhoffnung gewesen, aber dieses Mal würde er eine Eintagsfliege sein, im Ring als Exot zuerst bestaunt und dann verprügelt werden, um anschließend wieder in der Versenkung zu verschwinden. Denn wie soll ein übergewichtiger, seit langem einsitzender Ex-Profi-Sportler überhaupt die Fitness erreichen können, die für einen solchen, auf acht Runden angesetzten Kampf nötig ist? Trotzdem läuft der Kartenverkauf für die Veranstaltung richtig gut, Lodermair hat den richtigen Riecher gehabt, als er sich um »Ali vom Waldhof« gekümmert hat. Niemand aus der Boxszene will dieses Spektakel verpassen, auch wenn niemand einen Zweifel an Charlys Niederlage hat. Andre van den Oetelaar ist schließlich in bisher zehn Profikämpfen immer als Sieger aus dem Ring gegangen und gilt als aktuell bester Schwergewichtler in Europa. Neunmal hat er durch K.o. gesiegt, nur ein einziger Fight ging über die volle Distanz und wurde dann eindeutig nach Punkten entschieden. Bei so einer Konstellation sind die Verhältnisse klar: Charly ist nicht mehr als ein attraktiver und zugleich bequemer Aufbaugegner für den Niederländer.

Wie wenig man mir an diesem Tag zutraute, spürte ich schon frühmorgens. In einem Stuttgarter Hotel mussten der Holländer und ich zum Wiegen erscheinen – und ich wurde als Häftling natürlich von zwei Beamten zu diesem Termin eskortiert. Für mich interessierten sich die anwesenden Journalisten jedoch fast gar nicht, alle wollten nur Bilder und Stellungnahmen von Andre van den Oetelaar, der für sie der kommende Europameister war. Ich dagegen war völlig uninteressant, und das war für mich ein regelrechter Tiefschlag. Während der Vorbereitungszeit hinter den Gefängnismauern hatte ich mir ausgemalt, dass die Zeitungen und Radiostationen und meine alten

Freunde und Bekannten aus der Boxszene nur darauf warten würden, mich endlich wieder in alter Form im Ring zu sehen. Und meine Betreuer im Gefängnis hatten mich auch in diesem Glauben gelassen, schließlich war das für meine Motivation sehr hilfreich. Doch jetzt, beim Wiegen ein paar Stunden vor dem Kampf, kam ich mir vor wie eine Nullnummer, alle behandelten mich wie Luft, wie eine absolut unwichtige Nebenfigur. Deutlicher konnte man es mir kaum zeigen: Ich war nichts als Fallobst, höchstens ein besserer Sparringspartner für den kommenden Mann in Europa. Ich kam ins Grübeln. In der Abgeschiedenheit des Gefängnisses hatte ich ja keinerlei Chance gehabt, mich mit anderen Profiboxern zu vergleichen und meine Kräfte mit einem ebenbürtigen Gegner zu messen. Ich konnte nicht einschätzen, wie stark ich wieder geworden war und ob ich eine realistische Chance gegen Andre van den Oetelaar haben würde. Und hatten die anderen nicht Recht mit ihrer demonstrativen Missachtung meiner Person? Hatte ich mir nur eingebildet, wieder auf altem Niveau boxen zu können? War meine Urteilskraft vielleicht getrübt durch die Einsamkeit in meiner Zelle?

Nach dem Wiegen war ich zurück in die Anstalt gebracht worden, um hier auf den abendlichen Kampf zu warten. Und während ich auf meiner Pritsche lag und grübelte, fiel ich in ein unendlich tiefes emotionales Loch – ganz so wie früher, wenn mich die große Unsicherheit gepackt hatte. Meine ganze Motivation, über Monate in den Trainingseinheiten in der Gefängnissporthalle aufgebaut, war mit einem Mal zerstört. Welche Chance sollte ich, der Knacki, überhaupt gegen den so hofierten und erfolgreichen Niederländer haben? Wie hatte ich mich über eine so lange Zeit so gründlich selbst belügen können? Als ich gegen 18 Uhr wieder aus der Zelle abgeholt wurde, um mit meinen Betreuern im vergitterten grünen Gefängnisbus zum Kampf zu fahren, fühlte ich mich wie ein Todeskandidat, der zu seiner Hinrichtung chauffiert wird. Seelisch und moralisch angeschlagen, verkroch ich mich in den nächsten Stunden in meiner Kabine – und wurde dort, in dem kleinen fensterlosen Raum, noch depressiver. Der Kampf gegen van den Oetelaar sollte um 23 Uhr beginnen, und etwa eine Stunde vorher war ich fertig mit den Vorbereitungen – aber meine Stimmung war am Tiefpunkt! Am liebsten wäre ich gar nicht mehr vor die Tür meiner Kabine getreten. Doch zum Glück waren meine Betreuer bei mir: Eugen Gruber und die Vollzugsbediensteten, die ein Faible für den Boxsport hatten und mir schon bei den Vorbereitungen zur Seite gestanden hatten. Sie hatten mich hier in die Halle begleitet, und diese Beamten waren es, die mir jetzt Mut zusprachen, die mir immer wieder versicherten, dass sie an mich glaubten, und die sich bemühten, eine halbwegs positive Stimmung aufzubauen. Und das permanente Zureden half: Als ich über die Seile in den Ring kletterte, hatte ich mich zumindest so weit wieder gefangen, dass ich mir vornahm, wenigstens die erste Runde zu überstehen. Ich wollte dem übermächtigen Gegner so lange wie möglich einen ordentlichen Kampf liefern. Doch dann bemerkte ich einige Zuschauer, Bekannte aus alten Mannheimer Tagen, von denen ich eigentlich angenommen hatte, sie würden sich freuen, mich, den »Ali vom Waldhof«, wiederzusehen. Doch in ihren Gesichtern konnte ich lesen, dass es ihnen gar nicht um mich ging, sondern um ein möglichst unterhaltsames Spektakel, in dem ich nur die Rolle des Deppen spielen sollte. Und dieses offensichtliche Desinteresse, diese Blicke der falschen Freunde machten mich wütend. Ja, schwor ich mir, ich würde kämpfen, mit aller Macht, und an diesem Abend alles, aber auch wirklich alles geben – auch wenn es nicht reichen würde für den Sieg. Ich würde mich hier so teuer wie möglich verkaufen.

Es wurde ein rasanter Schlagabtausch, und das Ende kam so schnell wie von vielen erwartet – wenn auch mit einem ganz anderen Resultat. Ich boxte an diesem Abend wie von Sinnen, zeigte mit meinen über 105 Kilo Kampfgewicht schon in der ersten Runde eine Beweglichkeit, mit der offensichtlich niemand der Zuschauer und auch nicht mein niederländischer Gegner gerechnet hatten. Nachdem ich einige Treffer landen konnte, fasste ich Mut für die zweite Runde. Andre van den Oetelaar kam zwar offensiv aus seiner Ecke zurück, doch kurz darauf schickte ich ihn mit einer kraftvollen Rechten auf die Bretter. Van den Oetelaar taumelte, fiel auf den Boden und bewegte sich nicht mehr. Das Gekreische und die Anfeuerungsrufe des Publikums verstummten für einen kurzen Moment – und dann folgten rasender Jubel und Applaus. Nicht nur die Insider der Boxszene waren geschockt, auch ich selber stand völlig neben mir. Hoffentlich, dachte ich die ganze Zeit, hoffentlich steht der nicht mehr auf. Hoffentlich kann der sich nicht mehr berappeln. Ich konnte selber kaum begreifen, was ich da in den Sekunden zuvor geschafft hatte. Doch Andre van den Oetelaar wurde ausgezählt, und der Ringrichter hob meinen Arm zum Zeichen des Sieges. Die Halle stand Kopf, das Publikum raste. Viel Zeit zum Feiern blieb mir als Sieger allerdings nicht. Immer noch berauscht und gleichzeitig wie betäubt von dem kurzen Kampf, wurde ich zurück ins Gefängnis nach Ludwigsburg gebracht. Ich hatte noch mitbekommen, dass ein paar Szenegrößen am Ring ganz offensichtlich erhebliche Summen beim Wetten verloren hatten und mit dem Sensationsergebnis ganz und gar nicht zufrieden waren. Und dass die Zuschauer mich wieder bejubelt und bewundert hatten, so wie damals zu Beginn meiner Karriere, vor fast fünfzehn Jahren. Immer wieder klopften mir meine Bewacher Robert Weber und Gerhard Wolf auf die Schulter. Die beiden Boxfans hatten einen Großteil ihrer Freizeit geopfert, um mich auf diesen Kampf vorzubereiten, und sie freuten sich wahnsinnig, dass ich einen so umwerfenden Erfolg gehabt hatte. Zurück in der Anstalt hatte sich die Nachricht von meinem sensationellen Sieg längst wie ein Lauffeuer verbreitet, etliche Gefangene hatten den Kampf im Radio verfolgt. Sie trommelten voller Begeisterung gegen die Stahltüren, als ich nachts um drei durch die Gänge der Anstalt zurück in meine Zelle geführt wurde. Denn schließlich hatte ich, so wurde das allgemein gesehen, ja auch ein wenig für alle anderen im Knast mitgekämpft und ihre Ehre verteidigt. Die Anstaltsleitung reagierte allerdings mit einer kurzen Schockstarre. Denn man wusste natürlich sehr genau: Nach einem solchen Erfolg war klar, dass man mir den Wunsch nach weiteren Fights kaum würde abschlagen können. Schließlich war ja der angebliche Resozialisierungskampf genau nach Plan gelaufen – nach dem Plan, den ich ausgeheckt hatte.

Charlys Erfolg beim Kampfabend in Stuttgart, zumal gegen eine der größten europäischen Schwergewichtshoffnungen, sorgt für großes Interesse bei den Medien. Der Gefängnisleiter bekommt in den folgenden Wochen etliche Interviewanfragen. Immer wieder wird seine angebliche Strategie der Resozialisierung durch sportliche Wettkämpfe zum Thema. Dabei treffen ja beim Boxen zwei Welten aufeinander, die unterschiedlicher kaum sein können: Auf der einen Seite der Häftling, der nach seinem Gefängnisaufenthalt möglichst geläutert und mit bürgerlicher Perspektive zurück in die Gesellschaft entlassen werden soll – und auf der anderen Seite eine Zuschauerklientel, die man nun beim besten Willen nicht als gutbürgerlich bezeichnen kann. »Auf den teuren Plätzen am Ring sitzen bisweilen Herren, deren Wert übriggebliebene Fans aus besseren Boxzeiten auf ›10 000 Jahre Haft‹ taxieren«, schreibt DER SPIEGEL nach dem Stuttgarter Kampfabend in einer Geschichte über Charlys Comeback: »Bordellbesitzer, Manager von Nachtklubs und Spielhallen verwandeln Berufsboxveranstaltungen zu Zunfttreffen der deutschen Halbwelt.«

Eine Szene, von der zweifellos eine starke Faszination ausgeht und die ihrerseits, nicht nur bei Charly, einen starken – und nicht selten negativen – Einfluss auf die Boxer ausübt. So tritt in diesem Herbst 1984 auch Leichtgewichts-Europameister René Weller im Ring an, um seinen EM-Titel zu verteidigen, während seine Anwälte gerade an einer juristischen Verteidigungsstrategie für die anstehende Gerichtsverhandlung wegen Hehlerei basteln. »Weller verkörpert als einziger zugkräftiger Hauptkämpfer Deutschlands triste Boxgegenwart«, mäkelte DER SPIEGEL: »Auch der Häftling Charly Graf reinigt die deutsche Boxszene nicht. Sogar die wohlmeinenden Befürworter seiner Ludwigsburger Boxausflüge in die Freiheit fürchten einen Charly-Graf-Rummel, etwa Schlagzeilen wie ›Zuchthäusler will Deutscher Meister werden‹. Der Mann aus dem Knast füllt den Veranstaltern die Kasse. Grafs Anstaltsleiter, aber auch sein Pfarrer und sein Trainer erleben, wie gut das Boxen dem Eingesperrten bekommt. Andererseits sehen sie auch Gefahr für den Mann, der nur im Ring frei ist, aufziehen: Die Sensation könnte die Resozialisation ausknocken. Ein in Deutschland bisher einmaliges Experiment könnte scheitern, weil die Umwelt nicht bereit ist, es als normal anzusehen.« *Doch das sei in erster Linie ein typisch deutsches Problem, kommentieren die Journalisten. Denn in den USA habe sich das Boxen als Konzept für die erfolgreiche Wiedereingliederung von ehemaligen Straftätern längst als erfolgreich und sinnvoll erwiesen. Durch das Training und die Kämpfe, so die dahinterstehende Überlegung, könnten die Häftlinge ihre Frustration des*

Gefängnisalltags unter Aufsicht und nach einem klaren Regelwerk abbauen. Tatsächlich gab es in den USA sogar schon Vergleichswettkämpfe von Gefängnis-Box-Staffeln, und einzelne Häftlinge wie etwa Bobby Lee Hunter erhielten für ihre Einsätze in regulären US-Mannschaften gar Urlaub vom Vollzug. Als »Mittelpunkt der amerikanischen Boxerei hinter Gittern« feiert DER SPIEGEL das Hochsicherheitsgefängnis von Rahway im Bundesstaat New Jersey. Vierzig Amateure und acht Profis trainieren hier, unter anderem der zu »lebenslänglich« verurteilte Mörder James Scott. Das Gefängnis verlassen darf er nach seiner Verurteilung im Frühjahr 1981 bis zu seiner Entlassung 2005 nicht, aber seine Profilaufbahn kann Scott trotzdem verfolgen, da seine Gegner jeweils zu den Kämpfen ins Gefängnis kommen. Und er ist höchst erfolgreich: Von den 22 Fights seiner Profi-Karriere verliert er nur zwei. Insgesamt elf Kämpfe absolviert er hinter Gefängnismauern, und in den Statistiken der Boxsportverbände taucht als Veranstaltungsort jeweils der lakonische Vermerk »Rahway State Prison, Woodbridge Township, New Jersey, United States« auf. Scott ist so erfolgreich, dass er es in die Weltrangliste im Halbschwergewicht schafft und sogar Verträge mit Fernsehsendern über die Übertragung seiner Kämpfe aushandeln kann. Mehr als 100 000 Dollar verdient er damit – und seine Gegner nutzen das ungewöhnliche und einschüchternde Ambiente des Knasts gerne, um damit nach einer Niederlage ihr Versagen zu erklären.

Für mich klangen solche Fernseh-Honorarsummen natürlich äußerst verführerisch. Doch die Stimmung in Deutschland war eine andere als in den USA, hier mussten erst einmal Justizministerien, Anstaltsleitungen und Veranstalter von Box-Events davon überzeugt werden, dass es sich überhaupt lohnte, Häftlinge als Sportler aktiv werden zu lassen. Nicht umsonst war mein Kampf gegen Andre van den Oetelaar die erste Veranstaltung dieser Art in Deutschland überhaupt gewesen. Andererseits hatte ich es auch wieder deutlich leichter als meine amerikanischen Kollegen: Ich musste meine Gegner nicht im Gefängnis empfangen, sondern konnte mich mit ihnen draußen messen – auch wenn meine eigene Freiheit durch die Bewacher und die nicht perfekten Trainingsbedingungen eher eingeschränkt war.

Mein nächster Kampf sollte zweieinhalb Monate nach dem schnellen Stuttgarter Sieg in Frankfurt stattfinden. Wieder bereitete ich mich mit Eugen Gruber unter den erschwerten Bedingungen des Haftalltags vor, machte meine Extrarunden im Hof der Anstalt, lief dabei schon mal zwölf und mehr Kilometer pro Tag und schob Extraschichten vor den extra angeschafften Boxsäcken. Drei Tage vor dem Fight sollte ich mit meinen Betreuern in Frankfurt vor Ort sein, und so stellte ich beim Gefängnisdirektor einen entsprechenden Antrag. Wieder einmal rief er mich zu sich: Drei Tage Ausgang vor dem Kampf, das sei schon machbar, allerdings gebe es da ein Problem. Wer denn in dieser Zeit für die Reisekosten, die Unterkunft und die Verpflegung der Beamten aufkäme? Das könne er als Anstaltsleiter nämlich nicht übernehmen, und wenn diese Ausgaben nicht gedeckt seien, dann sei leider auch die Reise zum Kampf in Frankfurt nicht möglich. Ein Problem, wie es schien – aber für mich war es lösbar, auch wenn ich dafür wieder ein bisschen kreativ mit der Wahrheit umgehen musste. »Ich habe da einen Bekannten«, antwortete ich dem Direktor, »der hat ein Hotel in Frankfurt und sponsert meinen Kampf. Da kann das gesamte Team aus dem Gefängnis Ludwigsburg kostenfrei untergebracht werden.« Diese Zusage, log ich, hätte ich bereits bekommen. Ich verschwieg allerdings, dass ich mit ebendiesem Bekannten noch gar nicht gesprochen hatte. Und vor allem sagte ich nicht, dass dieser Bekannte aus dem Milieu des Bahnhofsviertels stammte, das Hotel in Wahrheit ein Bordell war und dass sich meine Begleiter und ich deshalb in den Tagen des Frankfurt-Aufenthalts genau in jenem Umfeld bewegen würden, von dem ich eigentlich ferngehalten werden sollte. Aber es funktionierte: Der Transport, wiederum mit dem vergitterten Gefängnisbus, ging über die Bühne, und während der Fahrt über die Autobahn unterhielten sich die beiden Beamten voller Vorfreude darüber, wie es wohl sei, in einem Hotel zu übernachten, und was das Ganze wohl kosten würde. Ich saß hinten und hörte schweigend zu: Schließlich wusste ich als Einziger, dass die Fahrt nicht in ein Hotel, sondern nur in einen drittklassigen Frankfurter Puff führen würde. Entsprechend geschockt waren meine Begleiter, als sie schließlich vor dem Etablissement aus dem Wagen stiegen und ich bestätigte, ja, wir wären jetzt da: Es handelte sich um ein Laufhaus, wo die Mädchen vor ihren Zimmern warten, während die Freier durch die Gänge laufen und sich für eine der Prostituierten entscheiden. Schweigend schauten sich meine Wärter um. Dann wurden meine Begleiter und ich in leer stehenden Zimmern untergebracht. Eigentlich war das eine skandalöse Situation! Doch während des gesamten Aufenthalts und auch auf dem Rückweg ins Gefängnis ein paar Tage später verloren die Beamten kein Wort darüber. Ihnen war die Brisanz dieser Konstellation vom ersten Augenblick an klar gewesen, und weil sie bei der Ankunft nicht sofort protestiert und mich wieder zurück in den Gefängnisbus verfrachtet hatten, war die Chance vertan, aus der Situation ehrenvoll wieder herauszukommen. So entschieden sich alle Beteiligten, über die Umstände der Unterbringung ganz einfach zu schweigen.

Im Fokus der Öffentlichkeit stand ja zum Glück auch der Kampf, zu dem ich am 5. Oktober 1984 gegen Thomas Classen antreten sollte. Classen, gut zehn Jahre jünger als ich, war bis dahin in neun Kämpfen ungeschlagen. Damit war klar, dass dieser Fight für mich kein Spaziergang werden würde. Und Classen rechnete sich gute Chancen gegen mich aus. Abgesehen von dem Sensationssieg gegen Andre van den Oetelaar hatte ich zum letzten Mal zwei Jahre zuvor im Ring gestanden. Auch über unseren Fight hinaus war das ein hochkarätig besetzter Kampfabend in der Frankfurter Festhalle: Bei den insgesamt sechs Kämpfen traten neben mir unter anderem auch Leichtgewichts-Europameister René Weller, José Varela und die Brüder Ralf und Graciano Rocchigiani an.

»Im Boxsport haben immer Menschen eine Chance gesucht, die anderswo schwer mithalten konnten«, kommentiert DER SPIEGEL den Abend, »Kinder von Gastarbeitern, die in der Schule hoffnungslos benachteiligt waren, kompensieren ihre Enttäuschung in Sportvereinen, und besonders beim Boxen. Deutschlands begabteste Jungprofis sind die Brüder Ralf und Graciano Rocchigiani sowie José Varela, Kinder von Gastarbeitern. Die Europameisterschaft im Superweltergewicht holte sich letzten Monat der Münchner Georg Steinherr; der ›Hammerschorsch‹ hat eine deutsche Mutter und einen schwarzen Vater.«

*

Ganz ähnliche Bedingungen also wie bei Charly, und die Journalisten nutzen dieses Parallelität, um Charlys erneuten Kampf im Namen der Resozialisierung genauer unter die Lupe zu nehmen. Was ist das aber auch für eine Inszenierung: Der Freigänger kommt in einem weißen Bademantel in die Festhalle, auf dessen Rückseite als Hinweis auf seine Herkunft in roten Buchstaben von Hand die Worte »Charly« und »Waldhof« aufgemalt sind, und DER SPIEGEL vergisst nicht zu erwähnen, dass es sich dabei um ein »Mannheimer Proletarierviertel« handelt. Für die Beobachter macht genau das den Reiz aus: »Mutige Beamte aus dem baden-württembergischen Strafvollzug gestatten Graf die Ausübung seines Sports, obwohl sie wissen, wie verrufen Boxen heutzutage ist.« Geschickt spielt der Artikel mit diesem schlechten Image des Boxens als Hort der Illegalität und mit den Befürchtungen, der Häftling werde die Ausführung zum Kampf für einen Fluchtversuch nutzen: »Zwei ständige Begleiter, die bis zum Ring trotteten, sollten des Boxers Rückkehr ins Gefängnis sofort nach seinem Fight sicherstellen.« Dabei will der 32-Jährige beim Ausflug nach Frankfurt auf keinen Fall irgendetwas riskieren – schließlich hat er über seinen Promoter bereits einen Kampf um die Deutsche Meisterschaft angepeilt. Und der wäre für einen polizeilich gesuchten Boxer kaum vorzubereiten, geschweige denn durchzuführen.

Mir war ohnehin klar, dass ich meine gerade erst wieder auflebende Profikarriere nur dann fortsetzen könnte, wenn ich – neben meinen sportlichen Erfolgen im Ring – auch juristisch ein positives Bild abgeben würde. Von Fluchtversuchen, um meine noch ausstehende Haftzeit von rund zwei Jahren illegal zu verkürzen, konnte also keine Rede sein, im Gegenteil: Ich konzentrierte mich voll auf den Kampf. Doch so schnell wie ein paar Wochen zuvor in Stuttgart ging es diesmal nicht: Meine Strategie, mit einer harten Linken meinen Gegner vorzeitig auszuknocken, war nicht erfolgreich. Runde für Runde zog sich unser Schlagabtausch hin, und Classen erwies sich körperlich und mental als fast gleichwertiger Gegner, der aber auch keinen entscheidenden Schlag anbringen konnte. So mussten nach sechs Drei-Minuten-Runden die Ringrichter entscheiden, und sie einigten sich auf ein salomonisches Urteil: unentschieden. Die rund zehntausend

Zuschauer waren enttäuscht: Sie quittierten das Ergebnis mit einem gellenden Pfeifkonzert, weil sie mich eindeutig vorne gesehen hatten. Eine Einschätzung, die an diesem Abend auch meine Mutter teilte: Sie war extra an den Ring in die Frankfurter Festhalle gekommen, um ihren inhaftierten Sohn bei diesem besonderen Freigang zu sehen und mitzufiebern. Drei Monate lang hatten wir uns nicht getroffen. Nervös waren auch meine Betreuer, die ja gleichzeitig meine Bewacher waren: Während normalerweise der Trainer die Aufgabe hat, seinem Schützling in den Pausen zwischen den Runden gut zuzureden, war die Situation an diesem Abend umgekehrt. Ich musste immer wieder meine nervösen Begleiter beruhigen, die zwischendurch sogar einmal meinen Mundschutz verlegt hatten, so dass ich eine Runde lang darauf verzichten musste.

Wichtiger als der Sieg, der durchaus in Reichweite lag, war für mich allerdings das Wissen darum, dass ich trotz der eingeschränkten Trainingsbedingungen im Ludwigsburger Gefängnis genug Fitness hatte aufbauen können, um ein hohes Kampftempo auch über mehrere Runden mitzugehen. Im letzten Durchgang begann ich sogar wieder mit meinem »Ali-Shuffle«, den spielerisch-leichten Tanzbewegungen, und versetzte die Zuschauer in der Frankfurter Festhalle damit in regelrechte Raserei: Zweitausend Mark Prämie sammelten sie spontan für mich, und das zusätzlich zu den viertausend Mark, die ich als Börse für den Abend bekam.

DER SPIEGEL *berichtet von enthusiastischen Besuchern des Abends:* »*Begeistert brüllte einer aus den ersten Reihen:* ›*Charly, wir holen dich raus.*‹ *Ein anderer, der vorgab, Graf gut zu kennen, kommentierte:* ›*Quatsch, als Boxer ist der nur im Knast was wert. Wenn der rauskommt, versackt er sofort im süßen Leben.*‹ *Die Gefahr besteht, weil die Versucher am Ring sitzen. Doch Charly Graf gelobt Standhaftigkeit, auch außerhalb des Boxrings.*«

Das Unentschieden jedenfalls war ein weiterer Schritt auf dem Weg zum ganz großen Meisterschaftskampf, von dem ich, mein Trainer, meine Bewacher, meine Mithäftlinge und mein Gefängnisdirektor träumten – und die Boxfans sowieso.

DEUTSCHER MEISTER

ES GELANG TATSÄCHLICH: Für den 9. März 1985, einen Samstagabend, wurde ich schließlich als Herausforderer für den Kampf um
die Deutsche Meisterschaft in der Düsseldorfer Philippshalle akzeptiert. Die Verträge waren ein paar Wochen vorher unterzeichnet worden. Der Deutsche Meister Rainer Hartmann hatte den Titel im November 1983 im zweiten Anlauf gegen Bernd August gewonnen, der
wiederum mehr als neun Jahre lang den Meistergürtel getragen
hatte. Eine lange Zeit – das hatte in der Box-Szene schon für erhebliches Aufsehen gesorgt. Für Hartmann war es die zweite Titelverteidigung und auch so etwas wie eine Wiedergutmachung für seine
Fans: Im Dezember 1984 hatte er seinen letzten Fight, einen Show-
kampf gegen den Amerikaner Mike »Smokin'« Perkins in Hollywood,
nach einem tiefen Cut am Auge mit technischem K.o. verloren. Ich als
Herausforderer des Titelträgers hatte, zumindest auf dem Papier,
wenig mehr zu bieten als ein noch mal intensiviertes Training im
Gefängnis in den letzten Wochen und die Hoffnung, eventuell nach
dem Kampf – je nachdem, wie der Abend ausgehen würde – entlassen zu werden. So hatte es mir jedenfalls der Staatsanwalt mitgeteilt
und damit Hoffnungen bei mir geweckt. Für die deutschen Medien
war die Aussicht, eventuell einen Häftling als dreißigsten Deutschen
Schwergewichtsmeister zu sehen, ein Grund für ausführliche Berichterstattung, zumal ja zusätzlich noch meine bewegte Lebensge-
schichte und meine Hautfarbe ein Thema waren.

*Fast alle Tageszeitungen und Magazine bringen deshalb große Vor-
abberichte.*
* *»Die weitere Zukunft kann er noch nicht überblicken. Im Moment
zählt nur, dass er sein vorerst wichtigstes Ziel erreicht hat, diesen
Kampf um die Deutsche Meisterschaft«, schreibt Ulla Halthoff in
der WELT über Charly: »Ein Star, nicht nur unter seinen Freunden*

im Milieu, die sich in seinem Glanz sonnten. Doch der Schein trog. Die Erfolge waren nicht Ausdruck von Stärke, sondern willkommene Möglichkeit, von Unsicherheiten und Komplexen abzulenken.«

- *»Was er fühlt, ist Hoffnung, eine Hoffnung, die er fast schon verloren hatte«, heißt es aus der Feder von Reiner Schloz in der Sport-Illustrierten, »damals in der Untersuchungshaft in Stammheim, als er als unbequemer Gefangener gefürchtet war. Unzufrieden sei er gewesen und enttäuscht. Ein Dreivierteljahr hatte er keine Post und keinen Besuch bekommen. Von seinen ›Freunden‹ war niemand mehr da. Und wenn er vom Boxen erzählt hat, von seinen 26 Profi-Kämpfen, von denen er nur zwei verlor, dann haben sie das braune Dickerchen mit seinen 120 Kilo nur ausgelacht.«*

- *»Für den 33-jährigen Charly Graf vollzieht sich nun, was vor 15 Jahren nur eine Frage der Zeit schien«, kommentiert Helmut Felkner Charlys frühe Erfolge und den darauf folgenden Absturz im Vorwärts, »hinter den stattlichen Muskeln verbargen sich Berge von Minderwertigkeitsgefühlen. Die erste Niederlage hat Charly Graf nie verkraftet. Paradox: Immer in der Haft besinnt sich Charly Graf aufs Boxen, trainiert wie ein Besessener.«*

- *»Von ganz unten – so will es nun einmal die Legende – müssen die Boxer kommen, wenn sie ganz nach oben wollen«, bemüht Walter Brühl in der* NRZ *alte Klischees, »auf kaum jemanden trifft diese Vorstellung besser zu als auf den aus Mannheim stammenden Farbigen Charly Graf.«*

- *»Dieser Fight würde kaum jemanden außer den Boxfans interessieren, wenn nicht der Träger dieser Faustwaffe mit einigem ausgestattet wäre, was ihn für unsereins so unheimlich anheimelnd macht: unehelich geboren und mischlingsbraun – ein Besatzungskind, dem man den ›Fehltritt‹ seiner Mutter zeitlebens ansieht«,* schreibt Stern-Redakteur Niklas Frank.

Meine Vorbereitungen für diesen im Vorfeld so heiß diskutierten Kampfabend waren unter schwierigen Vorzeichen abgelaufen. Obwohl gegen mich noch ein weiteres Strafverfahren anhängig war, wurde ich zum Jahreswechsel 1984/85, ein paar Wochen vor dem

Kampf, aus der Haft entlassen. Die Behörden wollten ganz offensichtlich vermeiden, dass der Rummel um mich durch die sonst notwendige Begleitung durch Beamte bis an den Ring und danach zurück in die Zelle noch gesteigert wurde. Doch die Entlassung aus dem Gefängnis machte meine Situation nicht leichter, sondern erst einmal sehr viel schwieriger: Geld hatte ich keins, und so zog ich zunächst in ein Stuttgarter Hotel und versprach dem Besitzer, ich würde ihn nach dem Kampf aus der Börse des Abends entlohnen. Zum Training ging ich abends zu Amateurvereinen, zu denen ich von früher her noch Kontakt hatte und wo ich auf ein wenig kostenlose Unterstützung hoffen konnte. Hätten die es abgelehnt, mit mir als ehemaligem Strafgefangenen zu trainieren, wäre für mich gar keine Vorbereitung möglich gewesen. Fast schien es mir, als sei mein Leben in der Haftanstalt etwas einfacher gewesen – um die Rahmenbedingungen musste ich mich nicht kümmern, sie wurden von außen vorgegeben. Diese Unsicherheit im Ungang mit der Situation war andererseits aber auch überlagert von dem Gefühl, nach der langen Zeit im Gefängnis endlich wieder draußen, in Freiheit, zu sein. Und so sollte sich an diesem Samstag, dem 9. März 1985, mein Schicksal ein weiteres Mal wenden – beim Kampf um die Deutsche Meisterschaft im Schwergewicht. Schon lange vor dem offiziellen Beginn waren die Plätze in der Düsseldorfer Philipshalle gefüllt, die Kartenpreise zwischen 20 und 250 Mark hatten die Boxfans nicht abhalten können. Die meisten der dreitausend Besucher hatten sich sofort das Programmheft für zwei Mark gekauft. Und sie kannten jetzt alle Einzelheiten über die beiden Kontrahenten, die da im Hauptkampf des Abends aufeinandertreffen würden. Titelverteidiger Rainer Hartmann aus Frankfurt war 27 Jahre alt und ging mit einem Kampfgewicht von 94 Kilogramm in den Ring, ich, als Herausforderer, 33 Jahre alt, dagegen mit 109 Kilogramm. Sie wussten auch, dass Hartmann mit 1,92 Meter Größe meine 1,80 Meter deutlich überragte, dass der Fight auf zehn Runden angesetzt war und dass es für den Kampf schon seit Wochen keine Karten mehr gab, allenfalls auf dem Schwarzmarkt. Und dass man im Rahmenprogramm einige alte Bekannte und den einen oder anderen hoffnungsvollen Nachwuchsmann würde sehen können.

121

Im Mittelgewicht trennten sich Harry Theodossiadis und Darko Cellinger nach sechs Runden unentschieden, im Schwergewicht siegte Thomas Classen in einem harten Kampf nach Punkten gegen Dave Garside – jener Thomas Classen, dem ich fünf Monate zuvor in Frankfurt ein Unentschieden abgerungen hatte. Danach trat im Supermittelgewicht einer der jüngeren Kämpfer an, den ich schon mehrfach bei gemeinsamen Veranstaltungen getroffen hatte und der die deutsche Boxszene noch lange beschäftigen sollte: In seinem elften Profikampf schlug Graciano Rocchigiani, elf Jahre jünger als ich, seinen Gegner Tony Jenkins durch technischen K.o., bevor im Cruisergewicht Chisanda Mutti einen Punktsieg gegen Lutshadi Mudimbi landete. Dann kündigte der Hallensprecher endlich den Kampf um die Deutsche Meisterschaft im Schwergewicht an. In den Katakomben der Halle tänzelte ich derweil hin und her. Ich war total nervös, angespannt, unruhig. Würde die Vorbereitung ausreichen? Hatte ich genug trainiert, mich richtig auf Rainer Hartmann und dessen Kampfstil eingestellt? Hartmann war mit 22 Jahren Profi geworden und in die USA gezogen, wo er bei einem der bekanntesten Boxtrainer der Welt, Angelo Dundee, trainierte.

Der 1921 geborene Dundee gilt als bester Box-Coach aller Zeiten. Er hat Muhammad Ali und Sugar Ray Leonard trainiert, die Besten der Besten also. Auch Hartmann selber hat schon mit Ali Ringerfahrung sammeln können, als Sparringspartner für dessen Vorbereitung auf den Kampf mit Trevor Berbick. Fast alle Beobachter haben den Eindruck, als habe Hartmann alles Nötige und Mögliche getan, um seinen Titel gegen den immer noch als jähzornig, schlagkräftig und gleichzeitig konditionell schwach geltenden Charly Graf zu verteidigen. Außerdem hat er von seinen 21 Profikämpfen nur ganze drei verloren.

Als der Hallensprecher uns vorstellte, tobte das Publikum bereits in Erwartung eines Spektakels: »In der roten Ecke: Der Herausforderer aus Mannheim, Charly Graf, der Ali vom Waldhof! Und in der blauen Ringecke der Titelverteidiger Rainer Hartmann aus Frankfurt!« Dann gab der Ringrichter den Kampf frei. Ich begann sehr diszipliniert, fast schon zurückhaltend, und das hatte seinen Grund. Ich hatte aus meinen früheren Niederlagen gelernt, hatte in der Zeit im Gefängnis meine verloren gegangenen Kämpfe akribisch analysiert und daraus eine Strategie für den Kampf gegen Rainer Hartmann entwickelt. Hartmann, so meine Erwartung, würde in der Annahme, dass ich von der Kondition her ziemlich schwach war, ein hohes Tempo schon ab der ersten Runde vorlegen, damit ich dann irgendwann nach ein paar Runden konditionell einbrechen würde. Schließlich war ich ja als Vier-Runden-Boxer verschrien, denn oft genug hatte ich in der Vergangenheit bei fortschreitendem Kampfverlauf immer größere Schwächen gezeigt. So hatte ich mich entschieden, diesmal zu Beginn eher passiv zu boxen, um Hartmann dann später zu überraschen. Aus meiner Sicht lief also alles nach Plan, als es in den ersten Runden für die Zuschauer und für Hartmann den Anschein hatte, als könnte ich meinen Rhythmus nicht so richtig finden. Ich kämpfte zwar mutig, kam aber aus der Defensive letztlich nicht heraus. Rainer Hartmann griff pausenlos und mit großem Engagement an. Er kam zwar mit seinen Schlägen nur vereinzelt durch, und echte Wirkungstreffer waren auch nicht dabei, aber trotzdem – die Punkte für die einzelnen Runden gingen an Hartmann. Die Zuschauer in der verqualmten Philipshalle waren sich, die Zigarette im Mundwinkel, in ihren Fachgesprächen einig: Ich steckte eindeutig in der Defensive fest. Ich selber nahm das allerdings ganz anders wahr: Hartmann sollte sich ruhig austoben – so lange, bis er irgendwann einfach keine Kraft mehr haben würde und das hohe Anfangstempo nicht mehr halten könnte. Meine Strategie ging auf. Ab der fünften Runde drehte ich auf, ganz genau so, wie es meinen taktischen Vorgaben entsprach. Wieder ertönte der Gong, wieder tänzelten wir ein paar Sekunden lang umeinander herum, bevor wir uns aufeinander stürzten. Und diesmal schaffte ich es, ich schlug erstmals gezielt zurück und landete prompt einen Treffer – mit einer so schnellen und überraschenden Bewegung, wie ich sie bei früheren Kämpfen so oft gezeigt hatte. Zunächst war Rainer Hartmann etwas verwundert angesichts der plötzlichen Attacke – doch dann besann er sich und nahm seinen Schlag- und Kampfrhythmus wieder auf. Wieder ertönte der Gong – Pause. In meiner Ecke, der roten, wurde mir noch einmal am rechten Auge herumgedoktert. Einen heftigen Schlag hatte ich abbekommen, mein Auge war schon geschwollen, aber es war nichts Dramatisches. Keine Frage, ich würde weitermachen, müsste allerdings jetzt weiter aus der Defensive herauskommen, um nicht im Punkturteil der Ringrichter noch weiter nach hinten zu rutschen. Noch ein paar taktische Anweisungen, dann wurde schon wieder der Gong geschlagen.

Als ich wieder stand, meine roten Handschuhe hochnahm, zu tänzeln anfing, da hatte sich die Situation im Ring gewendet. Ich hatte jetzt Mut geschöpft aus meinem gut platzierten Schlag in der Runde zuvor – und so war ich es jetzt, der engagiert nach vorne boxte, der Rainer Hartmann in die Defensive trieb und immer wieder nachsetzte, wenn der Deutsche Meister einen kurzen Moment lang seine Deckung vernachlässigte. Kopf, Körper, wieder der Kopf: Meine Schläge waren präzise, und sie zeigten Wirkung. Immer seltener gelang es Hartmann, die Fäuste rechtzeitig zur Abwehr hoch zu nehmen; immer wieder wirkte er kurzzeitig kraftlos und ohne Rhythmus. Ganz anders war das bei mir: Ich tänzelte leichtfüßig um den Titelverteidiger herum, beherrschte meinen Gegner zum Ende dieser sechsten Runde fast nach Belieben, setzte immer wieder meine Schläge. »Geh jetzt, mach ihn fertig, los!«, so feuerten sie mich aus der roten Ecke heraus an – doch noch war dieser Kampf nicht zu Ende. Der Gong rettete Rainer Hartmann, verschaffte ihm die dringend benötigte Erholungspause und damit auch eine neue Chance, den Fight noch einmal zu seinen Gunsten zu drehen. Hartmanns Trainer Angelo Dundee tat alles, um seinen Schützling aufzuputschen: »Der Kerl kann nichts. Jag ihn! Zerstör ihn!«, rief er so laut, dass wir das sogar in unserer Ecke hören konnten.

Doch auch in der siebten Runde änderte sich das Bild nicht. Auf der einen Seite kämpfte ich mit neu erwachtem Elan, bewegungsfreudig, schnell, auf der anderen Seite stand Rainer Hartmann, der nicht mehr in seinen Rhythmus zurückfand und phasenweise so aussah, als fehle ihm jedes boxerische Mittel zur Gegenwehr. Und dann, 68 Sekunden vor dem Ende der Runde, landete ich einen schnellen, harten linken Haken an Hartmanns Kopf. Der taumelte, vom linken Augenlid tropfte das Blut. Der Ringrichter schickte den Titelverteidiger in die blaue Ecke, um ihn vom Ringarzt untersuchen zu lassen – und dessen Votum war eindeutig: Wegen eines tiefen Cuts über dem linken Auge wurde der Kampf abgebrochen. »Neuer Deutscher Meister im Schwergewicht durch technischen K.o.: Charly Graf, Mannheim«, verkündete der Hallensprecher – und in der Philipshalle brachen gleichzeitig frenetischer Jubel und wilde Protestschreie aus. »Schiebung« und »Betrug« unterstellten die Hartmann-Fans dem Ringrichter, während meine Fans laut feierten. Die Stimmung schaukelte sich hoch: Hartmanns Vater schleuderte seinen Stuhl in Richtung des Ringrichters, sein Sohn drohte dem Referee mit der Faust und wollte die Niederlage nicht hinnehmen, während ich den Kranz des Siegers und Deutschen Meisters umgehängt bekam und einfach nur noch jubelte. Wie ein reinigendes Bad nach all den schweren Jahren im Milieu und im Gefängnis war dieser Moment, als der Ringrichter meinen Arm nahm und zum Zeichen des Sieges in die Höhe reckte – pure Freude und ein unglaubliches Gefühl der Erlösung. Ich hatte es geschafft. Ich hatte es wirklich geschafft!

Helmut Ortner ist an diesem Kampfabend für die Zeitschrift Penthouse *als Berichterstatter in Düsseldorf am Ring. »Bordellbesitzer, Nachtclub- und Spielhallenchefs, Loddels und Luden verwandeln Berufsboxveranstaltungen zu Zunfttreffen der deutschen Halbwelt. Auch wenn die Jungs aus dem Milieu über den Ausgang des Fights geteilter Meinung sind, in die Haare kommt man sich deshalb nicht. Auch überregional gilt der heimische Ehrenkodex: Das lässt sich auch mit Geld regeln.« Und Charly? »Der feiert die ersten Stunden nach dem Sieg mit Schampus in der nach Schweiß und Massageöl stinkenden Aufwärmkabine im Kreis von Kumpels. Die mit der Rolex am Handgelenk, dem Goldkettchen um den Hals und dem Luxusschlitten draußen auf dem Parkplatz lässt man nur ungern in die Nähe des neuen Champs.« Denn allen ist klar: Wenn Charly nach dem Gewinn des Meistertitels und nach verbüßter Haft wieder mit seinen alten Freunden aus dem Milieu anbändeln würde, dann wäre sein weiterer Weg vorgezeichnet – abwärts.*

Eine Gefahr, die auch mir klar war. Ich wusste, worauf es im Leben wirklich ankam und wovor ich mich hüten musste: Hinter der Rolex, hinter dem dicken Mercedes – da lauert das Nichts.

ENDE EINER KARRIERE

ACHTZEHNTAUSEND MARK UND den Siegerkranz bekam ich an diesem Abend in Düsseldorf für den Gewinn der Deutschen Meisterschaft. Das klingt nach wahnsinnig viel Geld, und für mich war das damals, kurz nach der Haftentlassung, auch eine enorme Summe. Aber von diesen Achtzehntausend blieben für mich gerade einmal 3500 Mark übrig: Meine Kosten für die Unterkunft in Düsseldorf und für meine Betreuer gingen davon ab, der Veranstalter hielt die Hand auf, und dann war da ja auch noch die Hotelrechnung aus Stuttgart. Viel war also am Ende nicht übrig, aber immerhin so viel, dass es mir den Neustart ins Leben erleichterte. Ich war jetzt Deutscher Schwergewichtsmeister, ich hatte die Sensation geschafft, beinahe aus dem Gefängnis heraus den Titel zu gewinnen. Jetzt musste ich mich einer viel größeren Herausforderung stellen: dem Leben in Freiheit. Mir war klar, dass ich eine unglaubliche Chance bekommen hatte. Denn wenn ich nicht zu diesem Kampf hätte antreten können, dann wäre ich wahrscheinlich noch eine ganze Weile in Haft geblieben, wäre irgendwann still und leise entlassen worden und hätte dann möglicherweise wieder die gleichen, alten Probleme bekommen.

Mein Leben in Freiheit sollte das Leben eines Boxprofis, nicht das eines Gesetzesbrechers sein. So begann ich wieder regelmäßig zu trainieren – und das war auch nötig, schließlich sollte ich meinen Titel als Deutscher Meister schon ein paar Wochen später erstmals verteidigen. Am 1. Juni 1985, keine drei Monate nach meinem Sieg, traf ich in meiner Heimatstadt Mannheim im Revanchekampf wieder auf Rainer Hartmann. Wir waren beide hoch motiviert – schließlich wollte ich mir nicht schon nach ein paar Wochen den gerade erst errungenen Meistergürtel wieder wegnehmen lassen und hoffte auf die Unterstützung des Publikums. Und Hartmann brannte natürlich darauf, die Niederlage aus Düsseldorf wettzumachen, die ihm wohl ziemlich zugesetzt hatte. Außerdem kam Hartmann aus Frankfurt, so dass seine Fans keine weite Anreise hatten.

Wir schenkten uns an diesem Abend nichts und die Zuschauer sahen einen guten und ausgeglichenen Kampf. Am Ende hieß es nach zehn kräftezehrenden Runden: unentschieden. Eine knappe Angelegenheit, aber der Titel blieb in meinem Besitz. Ende August 1985 hatte ich dann noch einen weiteren Kampf, der allerdings kein Fight um die Deutsche Meisterschaft war. In Bad Homburg stieg ich gegen den Kroaten Novak Radanovic in den Ring. Das war ein unangenehmer Gegner, weil er gegen mich seinen ersten Profikampf bestritt und ich mich wegen der spärlichen Informationen nur ungenau auf ihn vorbereiten konnte. Solche Kämpfe zwischendurch sind für einen Titelträger sowieso schwierig: Ein Sieg gilt als Pflicht und wird kaum ernst genommen, aber wenn man verliert, ist das gleich eine große Blamage. Gegen Radanovic allerdings hatte ich keinerlei Probleme: Nach sechs Runden war ich eindeutiger und überlegener Punktsieger.

Im Oktober musste ich dann zur zweiten Titelverteidigung ran. In Frankfurt sollte es gegen Manfred Jassmann aus Korbach um die Deutsche Schwergewichtsmeisterschaft gehen. Der Kampf war wieder auf zehn Runden angesetzt, und ich fing natürlich schon Wochen vorher an, mich auf Jassmann vorzubereiten. Dann allerdings brach ich mir ein paar Tage vorher den Mittelhandknochen und musste den ursprünglich geplanten Termin absagen. Daraufhin wurde mir ein seltsames Angebot aus dem Umfeld des Sauerland-Boxstalls gemacht: Ich sollte doch trotz meiner Verletzung antreten und den Kampf dann in der zweiten oder dritten Runde wegen der Schmerzen aufgeben – als Gegenleistung wurden mir für diesen verschobenen Fight 25 000 Mark Börse und noch 8000 Mark als Handgeld obendrauf versprochen. Ganz offensichtlich passte es irgendeinem der Strippenzieher in der deutschen Boxszene nicht, dass ich im Frühjahr den Titel gewonnen hatte. Man wollte mich vom Thron stoßen, aber welche Interessen genau dahinterstanden, war mir nicht klar. Ich lehnte den Bestechungsversuch natürlich ab und setzte mit einem ärztlichen Attest durch, dass der Kampf gegen Jassmann so lange ausgesetzt wurde, bis meine verletzte Hand wieder geheilt war.

Der neue Kampftermin war der 29. November 1985. Im Oktober kam ich mit der Vorbereitung gut voran, auch der November lief im Großen und Ganzen ziemlich gut für mich. Das Training war zwar hart, aber effektiv, und ich war mir mehr und mehr sicher, dass ich meinen Titel deutlicher als beim letzten Kampf würde verteidigen können. Ein paar Tage vor dem Fight allerdings überschlugen sich die Ereignisse. Obwohl auf den Plakaten der Kampf Charly Graf gegen Manfred Jassmann angekündigt war, hieß es plötzlich: Jassmann fällt aus. Und innerhalb von nur 24 Stunden wurde Thomas Classen als Ersatzmann benannt – der Boxer, den ich zwar von meinem Frankfurter Kampf ein gutes Jahr vorher kannte und gegen den ich, damals noch als Häftling, ein Unentschieden errungen hatte. Aber in der Vorbereitung der letzten Wochen hatte ich mich natürlich nicht auf Classen, sondern auf Jassmanns Stil eingestellt. Und jetzt sollte ich quasi aus dem Stand meinen Titel gegen diesen neuen Gegner verteidigen! Wir protestierten, wir schrieben Briefe, mein Trainer telefonierte und traf sich mit etlichen Leuten, die im Boxsport Einfluss hatten – aber es war nichts zu machen: Der Einfluss des gegnerischen Lagers war größer, die Entscheidung war gefallen. Ich musste innerhalb weniger Tage eine ganz neue Strategie entwickeln und mich auf einen ganz anderen Gegner im Ring einstellen. Und mir wurde endgültig klar, wie wenig die Boxszene mit fairem Sport zu tun hatte und wie groß der Einfluss der kriminellen Seilschaften aus dem Milieu war.

In Frankfurt lieferte ich einen Kampf ab, den viele Journalisten schon an diesem Abend und auch später noch als den besten Kampf meines Lebens bezeichneten, überzeugender noch als die eher von Taktik geprägte Titeleroberung im Frühjahr in Düsseldorf oder mein überraschender K.-o.-Sieg gegen den Holländer in Stuttgart ein gutes Jahr zuvor. Schon nach wenigen Runden war Classen schwer gezeichnet und blutete heftig. Immer wieder musste er in seiner Ecke zusammengeflickt werden, der Kampf ging Runde für Runde an mich. Nur K.o. konnte ich ihn nicht schlagen – vielleicht hätte meine Zukunft anders ausgesehen, wenn mir dies gelungen wäre. Am Ende, nach zehn Runden, war ich mir jedenfalls sicher, dass ich gewonnen hatte, ja: gewonnen haben musste. Es gab gar keine andere Möglichkeit der Wertung, und so streckte ich schon den Arm zum Siegesgruß in die Luft. Doch dann kam der Schock, ein Schlag, der mich stärker traf als alle Schläge, die Classen an diesem Abend ausgeteilt hatte: Die Punktrichter erklärten Thomas Classen zum Sieger! Das war ein so offensichtliches Fehlurteil, dass es sofort zu Tumulten und Schlägereien im Publikum kam.

Später, in einem Fernsehinterview, sagt der Sportjournalist Hartmut Scherzer über diesen denkwürdigen Abend: »*Sein bester Kampf war sein letzter. Und da haben sie ihn, auf deutsch gesagt, beschissen. Der Classen war derjenige, der nach vorne gepuscht werden sollte, und der Charly Graf wurde eben dafür benutzt. Und da haben sie ihn also dann betrogen.*« *Doch das Verständnis und die klaren Einschätzungen von Boxexperten wie Scherzer ändern nichts am Ausgang des Abends: Charly Garf wird um seinen Sieg betrogen und hat offiziell verloren.*

Seltsamerweise gelang es den Veranstaltern und dem Sauerland-Boxstall, bei dem Classen ja unter Vertrag war, diese Sichtweise auch in der Öffentlichkeit zu vertreten. In vielen Zeitungen wurde einfach nur berichtet, ich hätte verloren – was sich wirklich in Frankfurt abgespielt hatte, kam dagegen in der Presse gar nicht so zum Ausdruck. Es dauerte eine ganze Weile, bis ich diesen Betrug einigermaßen verdaut hatte und wieder die Kraft fand, mich um meinen weiteren Weg und um die Zukunft zu kümmern. Ich wusste zwar nicht, wie lange es dauern würde, aber ich hatte mir vorgenommen, einen neuen Anlauf zu starten und mir den Meisterschaftsgürtel zurückzuholen. So wollte ich den Betrug von Frankfurt wieder geraderücken. Also versuchte ich, mich für einen nächsten Kampf, wann immer der stattfinden würde, in Form zu bringen – und musste feststellen, wie weit der Einfluss des Classen-Clans in der Boxszene reichte. Denn egal, wen ich ansprach und wo ich vorbeiging: Kein einziger Verein nahm mich. Ich durfte nirgendwo mehr boxen, nicht einmal zur Übung! Hinter vorgehaltener Hand wurde mir erzählt, dass »die« – gemeint waren damit die Strippenzieher, die mich schon um den Sieg in Frankfurt betrogen hatten – alle ihre Verbindungen bis hinunter zu den Amateurvereinen spielen ließen, um zu verhindern, dass ich irgendwo in den Ring steigen konnte. Da gab es zum Beispiel den damaligen Bundestrainer Helmut Ranze, der immer schon mit Sauerland zusammengearbeitet hatte und der – gegen Geld – Talente an die Amateurvereine heranführte. Darüber konnte man natürlich Druck ausüben und diesen Vereinen nahelegen, mich dort besser nicht trainieren zu lassen, weil ich ja schließlich Profi sei und deshalb in Amateurclubs nichts zu suchen hätte. Früher hatte so etwas nie irgendjemanden gestört – jetzt sollte diese Art des Mittrainierens plötzlich verboten sein. Je länger diese Ausgrenzung und diese Kampagne gegen mich dauerte, desto mehr kam ich mir vor wie ein nicht mehr existierender Mensch. Ich wurde einfach ignoriert, ganz so, als hätte es mich von einem auf den anderen Moment nicht mehr gegeben. Meine sportliche Karriere als Boxprofi war damit abrupt zu Ende.

Es dauerte einige Zeit, bis ich diese schmerzhafte Lektion gelernt hatte. Und bis mir klar war, dass mein Weg als Boxer eigentlich schon in dem Moment beendet war, als man mich um meinen Meistertitel betrogen hatte. Es ging einfach nicht mehr weiter, so sehr ich mir das auch gewünscht hätte. Das Hotel, in dem ich lebte, konnte ich nicht mehr bezahlen, nachdem ein Großteil meiner letzten Gage für die Hotelrechnungen aufgebraucht war. Die Besitzer hatten mich zum Schluss sogar umsonst verköstigt. Ich war pleite.

Und dennoch erschien mir dieses bittere Ende auch wie ein Neuanfang. Mit dem endgültigen Abschied aus dem Ring führte ich zum ersten Mal ein selbstbestimmtes Leben, in dem nicht mehr Trainer und Promoter, Wärter oder Chefs meinen Weg bestimmten. In zehn Jahren hatte ich vier Gefängnisse – Bruchsal, Ludwigsburg, Stammheim, Mannheim – von innen kennengelernt und trotzdem mein Comeback als Boxprofi geschafft. Ich war Deutscher Meister geworden. Das gab mir Kraft. Ich wusste, was ich ausgehalten und was ich trotz widriger Umstände geschafft hatte. Mit diesem Gefühl zog ich mich erst einmal zurück, ins Allgäu.

EINMAL ALLGÄU UND ZURÜCK

DASS DIESER RÜCKZUG für mich dringend nötig war, hatte ich unmittelbar nach meiner letzten Haftentlassung gemerkt. Ich war noch keinen Tag wieder draußen gewesen, als ich abends von ein paar Zuhältern und Zockern zu einer Geburtstagsfeier in einem Puff eingeladen wurde. Meinen Vorsatz, dass ich nie wieder in den Knast kommen wollte und mich nie mehr in Situationen bringen würde, die mich mit dem Gesetz in Konflikt bringen, nahmen sie natürlich nicht ernst. Stattdessen sagte auf dieser Feier einer der Gäste zu mir: »Schau mal, da drüben die Frau, die sieht gut aus! Ich glaube, die steht auf dich, kümmere dich doch mal um die.« Ich bin mit ihr dann tatsächlich nett ins Gespräch gekommen, wir haben uns unterhalten und sind irgendwann auch in ihr Zimmer verschwunden und hatten Sex. Doch die scheinbar so fürsorgliche Verkuppelung eines gerade entlassenen Häftlings mit einer anlehnungsbedürftigen Frau hatte einen ziemlich gemeinen Hintergrund: Der Mann, der mir den Tipp gegeben hatte, war der Besitzer des Puffs. Und er wusste, dass die Frau mit einem anderen Mann zusammen war, der Manuel hieß und der zu diesem Zeitpunkt noch wegen Doppelmordes im Knast saß. Sie wollte weg von ihm, und von Manuel war bekannt, dass er bei Auseinandersetzungen ziemlich schnell schoss. Und weil der Puffbesitzer diesen Manuel als Konkurrenten gerne loswerden wollte, hatte er beschlossen, mich einzuspannen: Wenn Manuel nach der kurz bevorstehenden Entlassung erfuhr, dass ich mit seiner Freundin angebändelt hatte, würde er mich entweder erschießen – und dafür dann wieder zurück in den Knast gehen. Oder ich würde ihn bei der zwangsläufig anstehenden Auseinandersetzung halbtot schlagen – dann wäre er ebenfalls aus dem Weg geräumt. Das war das Kalkül des Bordellbesitzers, doch davon wusste ich an diesem Abend natürlich nichts. Erst, als ich kurz danach im Milieu das Gerücht hörte, dass ich gesucht wurde und jemand hinter mir her war, um mich wegen meiner Beziehung zu dieser Frau umzubringen, durchschaute ich die Zusammenhänge. Glücklicherweise konnte ich ihm dann, als wir uns in einem Lokal gegenüberstanden, noch in letzter Sekunde die Waffe aus der Hand hauen und ihn zusammenschlagen. Aber mir wurde auch klar, dass ich trotz aller guten Vorsätze gar nicht immer berechnen konnte, in welche Situation ich hineingeraten und mit welchen gefährlichen Geschichten ich in dieser kriminellen Halbwelt konfrontiert werden würde. Da gab es Menschen, die so mies und berechnend handelten, dass ich das nicht mehr nachvollziehen konnte – und dabei glaubte ich alle Niederungen des Milieus zu kennen. Kurz danach packte ich meine Koffer und reiste ab. Erst mal nur für ein Wochenende, um zu schauen, ob ich mir ein Leben im Allgäu überhaupt vorstellen konnte. Und dann bin ich geblieben.

In Sonthofen, weit weg vom Mannheimer Milieu und von meinem zwielichtigen Leben als Boxprofi, hatte ich endlich wieder Zeit, über mich nachzudenken. Das war natürlich nicht einfach, alleine in einem Zimmer in einer fremden Umgebung zu sitzen und nur zu denken. Auf das Allgäu war meine Wahl gefallen, weil ich die Zeit als Wehrdienstleistender bei der Bundeswehr dort in guter Erinnerung hatte. Auch Kontakte hatte ich noch. Die Landschaft, die Menschen – alles war so angenehm anders als mein Leben zuvor in Mannheim. Kein lautes Großstadtgewimmel mit ständigen Aktivitäten, sondern eine Kleinstadt, in der alles etwas gemächlicher und gelassener ablief und wo der Blick nicht am gegenüberliegenden Geschäftshaus hängen blieb, sondern weit über die Voralpenlandschaft streifen konnte: grüne Wiesen, sanfte Hügel, Menschen ohne Hektik. Am wichtigsten aber war die Ruhe. Ich hatte unglaubliche Jahre hinter mir: aufregend, ereignisreich und erfolgreich, aber auch deprimierend und schlimm. Ich brauchte Zeit für mich selber und wollte eine Bilanz meines bisherigen Lebens ziehen – eine Bilanz, die gerade auch die Fehler und Sackgassen nicht aussparen sollte. Eines war mir tief im Innersten klar: Ich wollte – und würde! – nicht mehr ins Milieu und schon gar nicht ins Gefängnis zurückkehren. Ein Neuanfang stand an, wieder einmal, aber diesmal sollte es ein echter Neubeginn werden, mit anderen Zielen und anderen Perspektiven.

Ich ließ mein Leben Revue passieren. Gab es so etwas wie den größten Fehler in meinem Leben? Wenn ich niedergeschlagen war, war ich überzeugt, dass schon meine Geburt ein Fehler gewesen war. Wenn ich jedoch genauer nachdachte, war klar, dass sich in meinem Leben viele Dinge aneinandergereiht hatten, die mich zusammen auf die schiefe Bahn geführt hatten. Das war natürlich überhaupt keine Entschuldigung für mein früheres Handeln, aber es erschien mir wie eine Art Logik der Gewalt. Ich hatte mich verirrt, in einem Labyrinth, dessen Ausgang ich für lange Zeit völlig aus dem Blick verloren hatte. Manchmal wunderte ich mich, dass ich überhaupt noch lebte, weil ich schon so oft in wirklich schwierigen und bedrohlichen Situationen gewesen war. Die Tatsache, dass ich überhaupt so weit gekommen war, ein kritisches Resümee meines Lebens zu ziehen, erschien mir in dieser Situation wie ein Wunder.

Ich hatte bis zu dieser Einsicht einen sehr, sehr langen Weg zurücklegen müssen. Dass ich ihn überhaupt gehen konnte, war für mich ein unglaubliches Glück – die Voraussetzungen dazu waren jedenfalls alles andere als gut gewesen. Meine fehlende Bildung zum Beispiel: Alle meine Überlegungen, wie sich die Chancen von Menschen verbessern lassen und wie man sie vor dem Abrutschen bewahren kann, führten mich immer wieder auf das Thema Bildung zurück. Ich meine nicht nur die Bildung, die man beruflich nutzen kann, um Karriere zu machen, sondern einfach ein breites Wissen, mit dem man Dinge besser einschätzen und Eindrücke besser verarbeiten kann. Jemand, der eine gewisse Bildung hat, ist vielen Dingen gegenüber nicht so ohnmächtig, wie ich es war. Ich war von einer Neurose in die andere gerutscht, war orientierungslos von einem Trauma ins nächste gestolpert. Mehr Bildung hätte mir geholfen, die Menschen besser einschätzen zu können, und sie hatte mir schließlich auch die Voraussetzung dafür gegeben, alles Schlimme, was ich erlebt hatte, überhaupt verarbeiten zu können.

Es war doch ein großer persönlicher Erfolg, dass ich hier in Sonthofen alleine darauf gekommen war, über mich nachzudenken. Die Wahrscheinlichkeit, dass ich nach meinem Karriereende endgültig vor die Hunde gegangen wäre, war viel, viel größer gewesen.

Natürlich war das Leben im Allgäu mit großen Umstellungen verbunden. Im Milieu war es mir rein wirtschaftlich immer ziemlich gut gegangen. Jetzt merkte ich, wie schwer es war, mit wenig Geld ein ordentliches Leben zu führen und ein guter Mensch zu sein. Zum Glück hatte ich nie Probleme, mit Menschen in Kontakt zu kommen, und so fand ich eine Arbeit, die mir wirklich Spaß machte: In der Viehhandlung Heine und der Auktionshalle Klaus Bauer, in der Vieh-Auktionen stattfanden, wurde ich als Lastwagenfahrer und Viehtrei-ber eingestellt. Meine Kraft und Geschicklichkeit halfen mir bei die-ser Arbeit, und die Aufmerksamkeit des Auktionspublikums war mir jedes Mal sicher, wenn ich das Vieh in die Halle brachte. Natürlich kam es schon mal vor, dass gerufen wurde: »Ist der Schwarze im Preis mit drin?« Aber das brachte mich nicht aus der Ruhe. Es tat gut, dass mich der Auktionator wegen meiner Kraft und wegen meines Könnens schätzte und dass ich eine Arbeit hatte, bei der es nicht ums Reden, sondern ums Zupacken ging.

In Kempten hatte ich auch Karl Lodermair wieder getroffen, den Ge-schäftsmann und Promoter, dem ich damals in Stuttgart die Ge-schichte mit dem angeblich von der Gefängnisleitung geförderten Resozialisierungs-Kampf untergejubelt hatte. Lodermair besaß mitt-lerweile ein Bordell in Kempten, und ich heuerte bei ihm als Türste-her für die Wochenenden an. So konnte ich noch 300 oder 400 Mark im Monat zusätzlich verdienen. Das war ein eher ruhiger Job, weil das Klima in den Kneipen und der Discoszene im Allgäu deutlich entspannter war als in Mannheim. Nachdem ich dort angefangen hatte, wurden Schlägereien ziemlich selten. Später habe ich dann noch eine Zeit lang in einem Münchener Bordell gearbeitet, als Wirt-schafter, Hausmeister und Bewacher in einer Person. Aber das war ja wieder genau jenes Milieu, das ich eigentlich verlassen wollte. Bald ekelte mich der Job an und ich gab ihn wieder auf.

In einer Kneipe in Sonthofen lernte ich dann auch meine zweite Frau Sandra kennen. Sie hat dort als Bedienung gearbeitet und später er-zählt, dass sie sofort aufmerksam wurde, als ich durch die Tür kam. »Mensch, was ist das denn für ein Schrank?«, dachte sie, und ihr fiel auf, dass ich sie anschaute, als sie mich bediente. Ihr Sohn Sascha war damals drei Monate alt – und als wir dann zusammen waren und geheiratet haben, habe ich Sascha auch bald adoptiert. Es war eine schöne, gleichzeitig aber auch harte Zeit: Unsere junge Familie, die dann noch durch unsere Tochter Katharina vergrößert wurde, war mein Halt und meine Hoffnung. Das half, gerade auch dann, wenn es wirtschaftlich manchmal ganz schön eng war: In einem Winter hatten wir so wenig Geld, dass wir die ganze Zeit über ohne Heizung auskommen mussten. So rückten wir in unserer kleinen Wohnung eben noch enger zusammen, redeten viel über unser Leben und schmiedeten Pläne für die Zukunft. So konnten wir, wenigstens manchmal, die Kälte vergessen. Das Wichtigste in dieser Zeit war, dass wir zusammengehalten haben, und ich erlebte zum ersten Mal, dass man zusammen sein und eine Familie haben konnte, ohne dass einer den anderen ausnutzte. Sandra, Sascha und Katharina haben mich glücklich gemacht.

Das gab meinem Nachdenken über mich selber eine neue Richtung. Erst jetzt wurde mir richtig klar, wie meine erste Frau gelitten haben musste. Ich hatte als Vater für meinen ersten Sohn Charly versagt, zu dem der Kontakt fast völlig abgerissen war. Ich war damals zu jung gewesen und viel zu viel mit mir selber beschäftigt, um ein guter Partner und Vater zu sein. Diese Fehler wollte ich bei Katharina und Sascha auf keinen Fall wiederholen. Es tut mir bis heute weh, dass mein Sohn Charly von mir nichts mehr wissen will – zu Recht: Er hatte an mich geglaubt, und ich habe ihn sehr enttäuscht. Dabei sind wir uns eigentlich recht ähnlich: Beide sind wir Idealisten, und wenn wir von etwas überzeugt sind, dann ist uns alles egal, dann gehen wir nach vorne und lassen uns das auch nicht ausreden.

Charly ist seinen Weg gegangen, leider weitgehend ohne mich. Er war schon auf dem besten Weg, eine Karriere wie ich einzuschlagen. Eines Tages, da war er schon Deutscher Jugendmeister im Boxen, kam er mich im Allgäu besuchen, unangemeldet. Drei Tage war er bei uns, und in langen Gesprächen fand er Vertrauen zu mir: Er war in Berlin gewesen und hatte in einem Imbiss etwas gegessen, als er danach vor dem Laden von zwei Typen mit einem Messer bedroht wurde. Es gab ein Gerangel, bei dem er seinem Gegner dann das Messer abgenommen und ihm in den Bauch gestoßen hat. Als er zu mir kam, war er auf der Flucht, denn die Polizei war natürlich hinter ihm her. Die beiden Angreifer – der eine lag schwer verletzt im Krankenhaus – hatten erzählt, dass mein Sohn sie mit dem Messer bedroht und angegriffen hätte. Ich habe ihn dann überredet, zu einem Anwalt zu gehen, und habe ihn auch dorthin gebracht. Er hat sich dann der Polizei gestellt und kam auch sofort in Untersuchungshaft. Zum Glück hat sein Anwalt dann ein Foto des Messers in der Zeitung veröffentlicht – und Gott sei Dank meldete sich daraufhin ein Waffenhändler, der die Waffe erkannte, weil er sie in seinem Laden verkauft hatte. Auch an die beiden Käufer konnte sich der Händler erinnern: Es waren die beiden Albaner, mit denen Charly in Streit geraten war. Seine Version der Geschichte war also glaubhaft. Der Vorfall hatte mir aber gezeigt, in welch einem gefährlichen Umfeld sich mein ältester Sohn bewegte. Ich wollte ihm unbedingt helfen, aber das war gar nicht so einfach, weil er damals noch nicht einmal einen Hauptschulabschluss und auch keine Berufsausbildung hatte. Ich habe ihn regelrecht bekniet, er solle etwas lernen, irgendetwas, irgendeinen Beruf. Aber wir hatten keine richtige Idee. Ich habe dann ein paar Leute aus der Boxszene angerufen, und Ebby Thust hat zugesagt, er werde sich um Charly kümmern. Ebby hatte einen Boxstall in Frankfurt, aber die Vereinbarung war so, dass mein Sohn gleich nach Kroatien ins Trainingslager geschickt und nur zu den Kämpfen nach Deutschland geholt würde. Das war auf jeden Fall eine gute Entscheidung: So hatte Charly mit den Strukturen in Deutschland nichts mehr zu tun.

Vier Kämpfe als Profi absolviert Charly Graf junior ab Mai 1996. Im ersten Kampf schlägt er den Ungarn Tibor Storezinski durch technischen K.o., in den nächsten drei Fights siegt er jeweils nach Punkten. Alle Kämpfe finden im Zoo-Gesellschaftshaus in Frankfurt statt, und dass da wieder ein dunkelhäutiger, vielversprechender Boxer namens Charly Graf im Ring steht, sorgt für ein entsprechendes Medienecho. Drei Fights bestreitet Charly junior im Cruisergewicht, seinen vierten Kampf im Oktober 1996 gegen Timmy Punch – eigentlich: Tihomir Puncic – als Schwergewichtler. Auch hier siegt Charlys Sohn wieder nach Punkten, und die Boxwelt spekuliert bereits über einen neuen »schwarzen Graf aus Mannheim«. Doch dieser vierte Kampf ist auch der letzte von Charly junior als Profiboxer.

Ebby Thust hatte mir versprochen, dass er meinem Sohn in Zagreb regelmäßig Geld schicken würde, damit der dort leben konnte. Ein halbes Jahr lang funktionierte das auch, Charly kam immer nur zu seinen Kämpfen nach Frankfurt und war ansonsten weit weg vom Milieu in Kroatien untergebracht. Dann aber blieb das Geld aus, die Probleme nahmen zu, und obwohl mein Sohn wirklich talentiert war, war ich froh, als er schließlich für sich einen Schlussstrich unter seine kurze Boxkarriere zog und anfing, im Büro einer Zeitarbeitsfirma zu arbeiten und seinen eigenen beruflichen Weg zu gehen, der zum Glück ganz anders verlief als meiner.

Gerade in dieser Zeit, als ich die Entwicklung meines ersten Sohnes mit einigen Sorgen beobachtete, wurde mir noch einmal klar, was für ein Typ ich selber früher gewesen war. Einer, der einerseits Frauen in den Puff schickte, sich aber andererseits nicht traute, in der Straßenbahn schwarz zu fahren oder im Kaufhaus einen Füller zu klauen. Einer, der als unberechenbar, wahnsinnig und aggressiv galt, weil er sich nur so wehren konnte – obwohl er sich selber in seinem tiefsten Inneren schwach und ängstlich fühlte. Dieses Image, das mir damals aufgedrückt wurde, dem entsprach ich eigentlich gar nicht. Es war nur das Ergebnis dessen, was andere in mich und meine körperliche Stärke hineininterpretiert hatten. Jetzt, im Allgäu, konnte ich das alles endlich hinter mir lassen. Auseinandersetzungen mit der Polizei gab es hier keine mehr.

Fast fünfzehn Jahre lang hatte ich mich in Mannheim kaum sehen lassen, nur zu gelegentlichen Besuchen bei meiner Mutter reiste ich aus dem Allgäu an. Doch nach einigen Jahren entwickelten sich Sandra und ich leider auseinander, die Nähe, die wir zueinander gefunden hatten, war nicht mehr da. Unsere Ehe zerbrach, und so zog es mich im Jahr 2000 wieder zurück in meine Heimat. Das war ein seltsames Gefühl, wieder in dieser Stadt zu sein. Am ersten Tag hatte ich nach meiner Ankunft erst mal mein Gepäck im Schließfach am Bahnhof verstaut und war mehr oder weniger ziellos durch die Stadt gelaufen – einfach, um ein bisschen herumzuschauen, ich war schließlich sehr lange nicht mehr hier gewesen: mal über den Neckar gehen, mal durch ein paar Straßen streifen. Als ich an einem Bistro vorbeikam, stand da ein Typ, den ich nicht kannte. Er schaute kurz zu mir hin und rief dann: »Mensch, Charly! Komm doch rein, na los!

Schön, dass du wieder da bist!« Erst nach einer Weile hat es bei mir klick gemacht: Er war ein früherer Zuhälter, der jetzt zusammen mit seiner Frau dieses Bistro führte. Er bugsierte mich in seinen Laden, stellte eine Flasche Wein auf den Tisch und fing an, von früher zu erzählen. In diesem Moment fühlte ich mich richtig willkommen geheißen in Mannheim – ganz so, als ob ich immer noch dazugehörte. Wir haben getrunken und erzählt, und nach zwei Stunden sagte er, ich solle mal mitkommen, er habe da etwas für mich. In der Küche des Bistros war ein Safe in die Wand eingelassen, den öffnete er jetzt und nahm einen Ring heraus, der wirklich in alle Richtungen gefunkelt hat. Zehntausend Mark sei der wert, raunte er mir zu, und schenkte mir den Ring dann, nicht ohne noch mehrere Male zu betonen, wie sehr er sich freue, mich wieder getroffen zu haben. Ich hatte in dem Moment gerade mal zweihundert Mark in der Tasche, keine Wohnung in Mannheim und keine echte Vorstellung davon, wie es eigentlich weitergehen sollte mit mir. Und so dachte ich: Wahnsinn! Dieser geschenkte Ring ist mein Startkapital, damit hatte ich die Kaution für eine Wohnung in der Tasche. Ich war schon leicht angetrunken durch den Wein, den wir vorher gebechert hatten, und konnte mein Glück kaum fassen. Um ganz sicherzugehen, fragte ich seine Frau, die bei uns stand und nüchtern war, ob das denn wirklich in Ordnung sei und ob ich den Ring annehmen könne. »Charly«, sagt sie, »der macht das von ganzem Herzen, das ist völlig Okay.« Ich war überglücklich und so froh, dass ich fast den Nebensatz überhörte, den der frühere Zuhälter bei der Verabschiedung noch von sich gab: Es wäre schön, meinte er, wenn er vielleicht im Gegenzug ein paar Pokale oder einen Siegerkranz von mir haben könne. An meinen Auszeichnungen habe ich eigentlich gehangen, sie waren so ziemlich das Einzige, was mir von meinem früheren Leben als Profiboxer noch geblieben war. Andererseits – wenn dir jemand einen wertvollen Ring schenkt und dich um eine Gegenleistung bittet, kannst du natürlich nicht Nein sagen. Und weil er mir mit seinem Geschenk wirklich aus der Patsche geholfen hatte, bin ich am nächsten Tag mit meinem letzten Geld wieder zurück ins Allgäu gefahren, wo ich noch meine Sachen verstaut hatte, und habe die Pokale in meinem Koffer und in zwei Tragetaschen verstaut. Der Siegerkranz von meiner Deutschen Meisterschaft war zu groß zum Verpacken. Also habe ich ihn mir kurzerhand umgehängt und bin dann mit dem Zug wieder zurückgefahren. Als ich mittags in Mannheim mit dem Kranz über den Bahnhofsplatz marschierte, hielten die Leute mich bestimmt für einen ausgebrochenen Psychiatrie-Insassen – für jemanden, der fünfzehn Jahre später immer noch einen riesigen, silbernen Kranz mit der Aufschrift »Deutscher Meister 1985« durch die Gegend schleppte und anscheinend immer noch seinen Titel feierte. Die Passanten glotzten mich mit offenem Mund an.

Also brachte ich den Kranz im Bistro vorbei und ging dann zu einem Immobilienmakler, um eine Wohnung zu bekommen und über die Kaution zu sprechen. Dreitausend Mark sollten dafür und für die ersten Mieten fällig werden – wunderbar. Den Ring hatte ich die ganze Zeit in meiner Tasche, um direkt anschließend ins Pfandhaus zu gehen. Dass ich nicht den vollen Wert bekommen würde, war mir klar, und als ich das Stück auf den Tisch gelegt hatte und der Pfandleiher es mit seiner Lupe betrachtet hatte, fing er an, auf seinem Taschenrechner herumzutippen. Na gut, dachte ich, wenn er mir dreitausend Mark statt des vollen Werts gibt, winke ich ab, das reicht mir erst einmal. Zwei bis drei Minuten rechnete er so vor sich hin, was ja bei größeren Summen schon mal der Fall sein kann, bevor er schließlich zu mir sagte:»Ich kann Ihnen höchstens fünfzig oder sechzig Mark dafür geben.« Mir fiel die Kinnlade runter. Sechzig Mark? Dafür hatte ich mein letztes Geld verfahren, um meine Pokale und den Kranz aus dem Allgäu zu holen? Sah ich denn mittlerweile aus wie ein Provinztrottel, den man so leicht hereinlegen und mit einer solchen Unverfrorenheit an der Nase herumführen konnte? Immerhin hatte mir meine Naivität in diesen ersten Tagen in Mannheim schnell klargemacht, wovor ich mich hüten musste. Den Kranz und die Pokale holte ich mir noch am gleichen Tag zurück – auch wenn der Bistro-Besitzer standhaft behauptete, der Ring sei ganz bestimmt echt gewesen. Eine Wohnung bekam ich dann über die Wohnungsbaugenossenschaft und über meinen früheren »Schützling« Rainer Spagerer, der sich mir gegenüber überhaupt nicht nachtragend verhielt, obwohl ich ihn ja ein paar Jahrzehnte zuvor ziemlich drangsaliert hatte.

Bekannte von mir hatten in Mannheim einen Jazz-Club, den ich ab und zu besuchte, weil ich die Musik mochte, die dort gespielt wurde. In diesem Club trat eines Abends auch Jochen Scheuermann auf, ein vielseitiger und guter Bassist, mit dem ich zu vorgerückter Stunde ins Gespräch kam. Wir tranken und redeten, und er erzählte mir, dass er als Lehrer an einer Schule mit schwierigen Jungs arbeitete. Irgendwann fragte er mich, ob ich nicht mal an der Hans-Zulliger-Schule vorbeikommen könne, um mit den Jungs mal ein bisschen zu trainieren, so dass sie ein bisschen runterkämen? Ich hatte so etwas ja noch nie gemacht, und wir haben dann erst mal unsere Telefonnummern ausgetauscht. Drei Wochen später haben wir uns dann verabredet, so ein Training mal als einmalige Nachmittagsveranstaltung an seiner Schule anzubieten. Ich hatte für diesen Tag ein kleines Fitness- und Ausdauerprogramm vorbereitet, mit Aufwärmübungen und Gymnastik, Schattenboxen und Seilspringen und ein paar Reaktionsübungen. Die Jungs, die an diesem Training teilnahmen, waren hinterher körperlich platt – aber so begeistert, dass sie unbedingt mehr Einheiten haben wollten. So wurde aus der einmaligen Aktion ein regelmäßiges Angebot, dessen Erfolg sich schnell herumsprach. Ich kam nun öfter an diese Schule und leitete nach und nach auch Kurse an etlichen anderen Mannheimer Schulen – alles ehrenamtlich. Damals lebte ich von Sozialhilfe und musste aus meinem schmalen Monatsbudget auch noch die Fahrten zu den Schulen finanzieren. Aber ich hatte die Vision, dass meine Tätigkeit als Laienlehrer für mich ein Sprungbrett in ein anderes Leben werden könnte. Dazu kam: Diese Arbeit mit den Kindern und Jugendlichen hat mir unheimlich viel Spaß gemacht. Auch, wenn ich damals dafür nicht bezahlt wurde. Ehrenamtlich zu arbeiten, wenn man im Monat zehntausend Euro verdient, ist keine große Sache. Aber ehrenamtlich zu arbeiten, wenn man nur 340 Euro im Monat hat, das ist eine ganz andere Hausnummer. Für mich war das fast so etwas wie eine Therapie und ein ganz wichtiger Schritt. Ich habe nie darauf spekuliert, dort eingestellt zu werden, und bei der Stadt und bei den Schulen wusste ja auch jahrelang niemand, wie es mir wirtschaftlich ging. Und niemand ahnte, wie schwierig es für mich war, standhaft zu bleiben und »Nein« zu sagen, wenn mir mal wieder in der Mannheimer Nachtclub-Szene ein Job als Türsteher angeboten wurde.

DER ANDERE CHARLY GRAF

PÄDAGOGE, LEHRER, GAR EIN studierter Erziehungswissenschaftler – das wollte ich nie werden. Trotzdem faszinierte mich seit den langen, durchgrübelten Nächten in der Gefängniszelle der Zusammenhang zwischen dem, was ich als Kind an Schönem, vor allem aber auch an schlimmen Dingen erlebt hatte, und meinem eigenen Lebensweg. Wäre dieses Leben anders verlaufen, vor allem weniger gewalttätig, wenn meine Kindheit eine andere gewesen wäre? Hätte ein normales Elternhaus dafür gesorgt, dass ich spätere, schmerzhafte Erfahrungen nicht hätte machen müssen? Und was wäre nötig gewesen, um mir die zehn Jahre Lebenszeit im Gefängnis zu ersparen? Wenn ich heute in Schulen, Jugendeinrichtungen oder Kinderheimen zum Training gehe, dann ist mir eine Sache ganz, ganz wichtig – eine Sache, die man nicht durch noch so harte Übungseinheiten in den Griff bekommt, sondern über die man reden muss. Ganz ernsthaft, auch wenn diese Gespräche manchmal wehtun und unangenehm sind. Das ist für mich die Grundlage meiner Arbeit: die Idee, dass Gewalt und Aggression immer eine Vorgeschichte haben. Eine Vorgeschichte, in der Unsicherheit und Angst eine entscheidende Rolle spielen, genauso, wie ich es selber als Kind und Jugendlicher in den Benz-Baracken und später im Milieu erlebt habe, als ich – genau wie die Kinder und Jugendlichen heute – diese Angst und Unsicherheit wegprügelte, weil es viel einfacher war, mich auf meine Kraft zu verlassen, als innezuhalten und nachzudenken. Viele Jungen, das stelle ich immer wieder fest, stecken im Grunde voller Ängste, gerade auch diejenigen, die vielleicht einen muslimischen Familienhintergrund haben und die in der Gruppe ihrer gleichaltrigen Freunde gerne als kleine Machos auftreten. Ich weiß, wie diese Jungs ticken – und das ist mein Vorteil. Wenn ich dann von meinen frühen Boxkämpfen berichte, hören sie gebannt zu: von meiner Angst, im Ring zu versagen und dadurch die Anerkennung der

Freunde und Fans zu verlieren. Von meiner Angst, wieder in eine Situation zurückzufallen, in der ich von anderen nur wegen meiner Hautfarbe wahrgenommen werde, aber nicht wegen meiner Leistungen oder gar als Persönlichkeit. Von meiner Angst vor Schmerzen. Und von meiner Angst, diese ganzen Ängste nicht mehr beherrschen und kontrollieren zu können. Dabei ist Angst ein ganz normales Gefühl in Situationen großer Anspannung, das will ich den Jugendlichen immer wieder klarmachen. Sie hat genauso ihre Berechtigung wie Freude, Liebe oder Enttäuschung. Sie ist ein Gefühl, dass man kennenlernen kann und akzeptieren darf, anstatt es durch Gewalt gegen andere zu bekämpfen. Letztlich geht es darum, die eigene Angst zu beherrschen – und nicht wegen der eigenen Ängste die Beherrschung zu verlieren. Für viele dieser Jugendlichen ist es das erste Mal, dass sie überhaupt mit anderen über ihre Ängste reden. Das fällt spürbar leichter, wenn vorne ein 1,80-Meter-Mann sitzt, der mit seinen breiten Oberarmen und seiner sportlichen Figur rein körperlich kaum jemanden fürchten muss und der davon erzählt, wie normal die Angst im Leben ist. Indem ich mich öffne, können auch die Kinder über dieses Thema reden.

Ich glaube, sie spüren instinktiv, dass ich ihre Gefühle, vor allem ihre Ängste, kenne, dass ich Ähnliches erlebt habe in meinem früheren Leben. Ich muss mich nicht verstellen, um an sie ranzukommen, die Chemie zwischen uns stimmt ganz schnell. Weil ich sie nicht bewerte und ihnen keine Noten gebe, fällt es ihnen leichter, sich mir gegenüber zu öffnen. Das fällt ihnen gegenüber einem Lehrer viel schwerer. Manchmal kurble ich das Gespräch ein wenig an, mit scheinbar harmlosen Fragen, die dann schnell eine fast schon philosophische Dimension bekommen können. Zum Beispiel frage ich, was denn überhaupt hinter dem Begriff »Freiheit« stecke und wie wichtig die persönliche Freiheit denn für die Jugendlichen sei. »Absolut wichtig«, sagen dann gerade die Wortführer solcher Gangs ganz schnell: »Freiheit ist alles, das lass ich mir nicht nehmen!« Meine nächste Frage: »Und wenn dir jemand auf der Straße entgegenkommt und dich provoziert, was machst du in so einer Situation?« »Zuschlagen«, sagen sie dann, »das ist 'ne ganz klare Sache, gar nicht lange fackeln.« Ich muss dann immer schon lächeln, ich kenne ja dieses

Denken aus meiner eigenen Vergangenheit ganz genau, diese re-
flexartigen Reaktionen. Wenn dann alle nicken – klar, zuschlagen
würden sie alle, sofort –, dann frage ich weiter: was es denn mit dem
Freiheitsgedanken zu tun hat, mit der vorher als so wichtig bezeichneten individuellen Entscheidung, wenn man eigentlich nur genau
das macht, was der Provokateur erreichen will? Denn das ist ja klar:
Wer zuschlägt, der ist nicht frei, sondern lässt sich von seinem Gegenüber in eine Auseinandersetzung hineinziehen – ohne eigenen
Willen, wie ferngesteuert, fast schon unterwürfig und gehorsam.
Dann schweigen sie erst mal und sind verwirrt und wissen nicht so
richtig, was sie davon halten sollen – denn so haben sie ihre täglichen Prügeleien natürlich noch nie betrachtet. Das sind richtig
schöne Denkpausen, die dann entstehen. Und wenn sie alle nachdenken und schweigen, dann kommt mein Fazit, mit drastischen
Worten, so dass die Jugendlichen mich auch wirklich verstehen:
»Wenn einer Eier hat«, erkläre ich ihnen, »dann sagt der nach einer
Beleidigung oder Provokation: ›Gut, du hast gewonnen‹, dreht sich
um und geht. Das ist wahre Größe.« Wenn ein Lehrer oder eine Lehrerin so etwas sagen würde, dann klänge so ein Satz schnell besser-
wisserisch oder sogar lächerlich, und die Jugendlichen würden nicken und denken: Sozialpädagogenscheiße. Aber ich komme von
ganz unten, ich komme von der Straße, und deshalb sind meine Ratschläge glaubwürdig. Mir nehmen sie ab, dass Gewalt nur etwas für
Angsthasen ist, denn sie wissen, dass ich jemand bin, der ihre Situation kennt. Und wenn sie lange genug geredet und diskutiert und
sich vorsichtig ihren eigenen Ängsten genähert haben, dann verstehen sie auch, dass Gewalt gerade nichts mit Stärke zu tun hat.
Mir ist natürlich klar, dass sie diese Erkenntnis in der nächsten Situation, wenn sie provoziert werden, normalerweise schon wieder
vergessen haben. Einmal darüber zu reden, das reicht natürlich
nicht. Deshalb ist diese Arbeit mit den Jugendlichen auch so schwer:
Man macht manchmal zwei Schritte nach vorne und drei wieder zurück. Da sind die Jungs wie eine Wundertüte: Man weiß nie, was
beim nächsten Treffen zum Vorschein kommt. Manchmal vertrauen
mir die älteren, die Siebzehn- oder Achtzehnjährigen, irgendwelche
Sachen an, zum Beispiel, dass sie ein Auto geknackt und ausgeräumt

haben. So etwas würde ich nie weitergeben. Aber ich versuche dann, sie mit meinen Mitteln davon zu überzeugen, dass sie richtig Mist gebaut haben. Dafür braucht es ein gutes Vertrauensverhältnis – und das haben wir miteinander aufgebaut. Manchmal werde ich gefragt, ob ich mich in diesen Jugendlichen wiedererkenne, und natürlich gibt es da Dinge, die mich sehr an meine eigene Zeit als Achtzehnjähriger erinnern: diese Oberflächlichkeit und dass auf körperliche Stärke so viel Wert gelegt wird. Nur: Das hat mit geistiger Stärke gar nichts zu tun. Das versuche ich ihnen klarzumachen – und dass ein intelligenter Mensch doch viel interessanter und angenehmer ist als einer, bei dem sich alles auf die Oberarme reduziert.

Es kommt auch immer darauf an, mit welcher Altersgruppe ich gerade arbeite. Bei manchen Kids ist die Karre bereits so festgefahren, dass es schon ein Erfolgserlebnis ist, sie mal zum Lachen zu bringen. Und es gibt auch Biografien, auf die ich keine Antwort mehr habe. Ich hatte schon mit Leuten zu tun, die waren erst achtzehn oder neunzehn Jahre alt und hatten schon dreißig bis fünfzig Vorstrafen im Register und zudem keine Ausbildung. Einen dieser Jungs habe ich vor einiger Zeit mal gefragt, was er am liebsten machen würde, und da hat er geantwortet, er würde am liebsten seinen Vater erschlagen. Da war sogar ich geschockt. Aber dann hat er angefangen zu erzählen. Über die letzten fünf Jahre, in denen er fast täglich sexuell missbraucht worden ist von seinem Vater – das war eine unglaublich harte Schilderung; ganz schlimm und nur schwer zu ertragen, wenn man das erzählt bekommt. Dass so jemand am liebsten seinen Vater erschlagen würde, das kann ich sogar noch nachvollziehen – als erste Reaktion. Aber was dann passiert, ist ja Folgendes: Dieser Jugendliche wird auf der Straße unabsichtlich angerempelt, bei ihm gehen alle Alarmglocken an, er zieht ein Messer und ersticht den anderen. Da entlädt sich dann etwas, was sich über Jahre in seinem Leben angestaut hat. Ich kann so jemandem natürlich nicht Recht geben – aber ich kann ihn verstehen. Das klingt vielleicht ungeheuerlich, aber ich kann es tatsächlich verstehen. Wie kann man denn bei einer solchen Vorgeschichte noch eine normale Reaktion erwarten? Dann kommt bei diesem Jungen als Problem noch die fehlende Ausbildung dazu. Und wenn er dann erzählt, er wolle seinen

Vater erschlagen, dann erzählt er das völlig ohne Emotionen. Man kann ja aus Wut oder Enttäuschung heraus manchmal etwas sagen, das man hinterher bereut, aber diese Jungs sagen das ganz nüchtern – so nüchtern, dass man jedes Wort sofort glaubt. Sie strahlen eine unheimliche Gefährlichkeit und Kälte aus. Wenn ich einen solchen Jugendlichen dazu bringe, dass er Ja zum Leben sagt, dass er mal lacht, dann ist das ein Fortschritt. Das klingt vielleicht ein bisschen bescheiden oder banal – aber letztlich ist es so. Womit will man ihm Hoffnung machen? In solchen Momenten ist meine Arbeit unendlich schwer. Dann merkt man, wie viele Kinder schwer oder gar nicht erziehbare Eltern haben.

Aber es gibt, Gott sei Dank, ja auch die andere Seite, Jugendliche, bei denen sich eine richtig gute Entwicklung zeigt. Gerade aus den Benz-Baracken, in denen ich aufgewachsen bin, gibt es sehr viele positive Beispiele, wo zumindest der Familienverband intakt war und wo es die Jugendlichen wirklich geschafft haben. Wer aus einer armen Familie kommt, hat es schwer, weil man automatisch als Krimineller betrachtet wird – ganz so, als ob Armut allein schon eine Straftat sei. Es gehört viel Stärke dazu, gegen diese Zuschreibung von außen zu bestehen. Aber ich habe in der Arbeit mit diesen Kindern und Jugendlichen gelernt, dass immer nur die Handlungen hoffnungslos sind, die man nicht erklären kann. Wenn ich negative Handlungen sehe, aber verstehen kann, woher sie kommen, dann gibt es auch die Möglichkeit, sie zu ändern. In diesem Moment ist die Hoffnungslosigkeit besiegt, dann gibt es zumindest eine Chance, selber aktiv zu werden und Dinge zu ändern. Auch bei mir war das früher oft so, dass ich mir viele Dinge gar nicht erklären konnte, weil mir damals die Weitsicht und die Perspektive fehlten. Damals wurde Hoffnungslosigkeit für mich daraus – heute versuche ich, den Jungs – und Mädchen – diese Weitsicht zu vermitteln und ihnen so aus der Perspektivlosigkeit herauszuhelfen.

Wenn ich zum ersten Mal mit einer Gruppe zusammentreffe, dann testen die Jugendlichen mich erst einmal. Die wollen wissen: Wie reagiert der? Wovon lässt er sich provozieren? Ich war schon bei Veranstaltungen mit lauter Jugendlichen zwischen siebzehn und zwanzig Jahren, die mich als Erstes gefragt haben, wo man denn genau hingehen müsse, wenn man eine Frau in einem Puff sehen will. Meine Antwort ist dann ganz klar: Da geht man nirgendwo hin. So etwas macht man nicht. Fragen zu ihren persönlichen Problemen werden natürlich nicht gestellt. Da muss ich erst mal etwas herauskitzeln, Vertrauen aufbauen. Mittlerweile habe ich mir eine kleine Eröffnungsrede überlegt. Ich gehe in Vorlage und sage: »Ach Mensch, was habe ich früher immer für eine Angst gehabt! So als Jugendlicher, vor Gewalt …« Die antworten dann immer gleich: »Sie?!« Ich sage dann: »Ja klar! Natürlich habe ich immer Angst gehabt.« Und schon sind wir im Gespräch: Wie kann das denn sein, dass ich Angst hatte, bei meiner Statur? Und dann erzähle ich von meiner Angst vor Gewalt, von den Schlägen, die ich von den Liebhabern meiner Mutter bekam. Und weil ich niemandem zeigen wollte, dass ich Angst hatte, war ich selber gewalttätig. Dann fällt es ihnen auch leichter, über ihre Ängste zu reden. Aber selbst, wenn sie nur zuhören bei diesen Gesprächen, löst das oft schon etwas aus. Man darf nicht unterschätzen, wie viel durch die richtigen Worte in den Köpfen angestoßen wird. Das sind Prozesse, die lange brauchen, manchmal sogar Jahre. Aber dann kann es passieren, dass ich im Supermarkt einkaufen gehe, und plötzlich kommt jemand mit Anzug und Krawatte auf mich zu. Er stellt sich als Geschäftsführer des Ladens vor, klopft mir ganz überschwänglich auf die Schulter und sagt: »Mensch, Herr Graf, ohne Sie hätte ich das nicht geschafft.« Das war einer, den ich in einem meiner ersten Kurse gehabt hatte, ein ganz harter Hund. Solche Erlebnisse sind natürlich echte Highlights für mich. Ansonsten habe ich später normalerweise nicht mehr viel Kontakt mit den Jugendlichen. Ab und zu treffe ich die dann mal, bei einem Sporttag der Wohnungsbaugenossenschaft oder an einer Berufsschule, aber die gehen dann ihren Weg. Da ist es natürlich toll, ab und zu durch Zufall jemandem zu begegnen, der sagt: »Sie haben mich damals auf die richtige Spur gesetzt.«

Interessant finde ich, dass die Mädchen ganz anders reagieren als die Jungen. Ich hatte zum Beispiel eine Klasse mit Mädchen an einer Hauptschule, die mittlerweile alle schon die Schule hinter sich haben. Das waren fast ausnahmslos Mädchen mit einem Migrationshintergrund. Ich habe sie mehrere Jahre lang begleitet, fast durch das ganze Teenageralter hindurch. Für Mädchen mache ich das gleiche Training wie für Jungs, und auch die Mädchen haben von Anfang an gut geboxt, aber nur untereinander – nicht mit mir, ihrem Trainer. Die hatten richtige Angst, mich zu schlagen, obwohl ich immer wieder Übungen einbaue, in denen es genau darum geht. Sie hatten von ihrer Erziehung her ganz klare Hemmungen, einen Mann zu schlagen – das war eine spannende Erfahrung. Ich habe sie dann aufgefordert: »Na los, jetzt schlagt doch endlich mal zu!« »Nein, Herr Graf, ich will nicht …«, kam dann als Antwort. Untereinander haben sie hemmungslos Gas gegeben, aber gegen mich? Gar nichts. Es hat lange gedauert, bis sie sich getraut haben, aber dann hat es ihnen ein unglaubliches Selbstbewusstsein gegeben. Das ist bei deutschen Mädchen von Anfang an ganz anders. Wenn ich denen sage: »Los, schlagt zu!«, dann muss man sie nicht zweimal bitten.

Gerade bei den Kursen in den verschiedenen Schulen ist es wichtig, dass keine Konkurrenzsituation zwischen mir und den Lehrerinnen und Lehrern entsteht. Die meisten sind froh, dass ich da bin – sie haben mich ja auch angefordert, weil bestimmte Dinge in einer Klasse oder der Schule nicht so laufen, wie sie sollten. Und den Lehrern fehlt dann oft die Zeit, sich mal auf einer anderen Ebene mit den Jugendlichen und ihren Problemen zu beschäftigen. Zwischen den Kindern und ihren Lehrern geht es häufig um Noten und Bewertung – und das fällt bei mir natürlich weg.

Das fehlt an vielen Schulen: Jemand, der kein Lehrer ist und an dem sich die Kinder abarbeiten können, ohne dafür Konsequenzen – Strafen oder Bewertungen irgendwelcher Art – befürchten zu müssen. Das ist gewissermaßen mein Startvorteil. Und dann hören sie mir auch zu, wenn ich ihnen zum Beispiel von meiner Zeit im Gefängnis berichte – nicht, weil sie zuhören müssen, sondern weil sie es wollen. Weil sie wissen wollen, wie ich aus meinem verkorksten Leben dann doch etwas gemacht habe. Natürlich kennen die Kinder und Jugendlichen jemanden wie Peter-Jürgen Boock nicht, und so konkret kann ich ihnen die Erfahrungen und meine Begegnung mit dem Ex-Terroristen deshalb auch nicht schildern. Aber ich kann ihnen vermitteln, was Boock mir vermittelt hat: dass Allgemeinbildung ungeheuer wichtig ist, genauso wie das Nachdenken über sich selber. Wenn zum Beispiel ein Meister oder Ausbilder in einem Betrieb feststellt, dass jemand menschlich umgänglich ist, dann nimmt er ihn vielleicht trotzdem, auch mit schlechten Zeugnisnoten. Wenn er aber merkt, da ist jemand, der hat nicht nur schulische Defizite, sondern der tritt auch zusätzlich noch als absoluter Kotzbrocken auf – dann hat er gar keine Chance mehr. Manche Jugendlichen steuern ziemlich zielstrebig genau auf so eine Situation zu, und davor möchte ich sie bewahren.

Konkrete Empfehlungen, was sie zum Beispiel lesen sollen, bekommen sie von mir aber nicht – das wäre schon wieder zu lehrerhaft. Aber ich erzähle ihnen natürlich von Büchern, die ich gut finde und die mich im Laufe meines Lebens beeinflusst und beeindruckt haben. Eines meiner Lieblingsbücher ist *Licht im August* von William Faulkner. Dieser Roman ist zwar schon 1932 erschienen, aber er wirkt bis heute unheimlich aktuell und berührt mich beim Lesen immer noch ganz stark. In der Geschichte geht es um einen Jungen namens Joe Christmas, der eine ältere, allein lebende Frau brutal umbringt, und eigentlich ist dieser Christmas von Anfang an ein ganz unsympathischer, abscheulicher Typ. Aber dann gibt es immer wieder Rückblenden in seine Kindheit und Jugend, es wird geschildert, was er erlebt und gemacht hat. Zwischen all diesen Erlebnissen – dass er von seinen Eltern verstoßen wurde, dass er nicht weiß, woher er stammt, dass er übel behandelt und später zum Mörder wird – besteht ein logischer Zusammenhang, so dass Joe Christmas einem während des Lesens trotz seiner schlimmen Tat immer sympathischer wird. Dieses Buch hat mich, auch wegen der Parallelen zu meinem eigenen Leben, sehr beschäftigt. Ein anderes, für mich ganz wichtiges Buch war und ist *Der Steppenwolf* von Hermann Hesse. In der Hauptfigur Harry Haller konnte ich mich sofort wiedererkennen, wie er als exzentrischer Einzelgänger mit möblierter Wohnung im Kabarett eine Frau kennenlernt. Er verliebt sich in diese Frau und gesteht ihr seine Liebe, aber sie erklärt, dass sie Hallers Gefühle nicht erwidert. Als sie dann eines Tages doch Liebe für ihn empfindet, erwartet sie von Haller, dass er sie aus Liebe umbringt. Das sind Konstellationen, die ich wirklich spannend finde und die mich zum Nachdenken bringen. Wenn man sich überlegt, dass ich früher ein

Mensch war, für den Jerry-Cotton-Hefte das Höchste an Literatur waren, und dass ich später neben Hesse und Faulkner unter anderem auch noch Thomas Manns *Zauberberg*, Friedrich Dürrenmatt, Böll, Grass und jede Menge politische Literatur für mich entdeckt habe, dann ist das schon eine ziemlich bemerkenswerte Entwicklung.

Die Auseinandersetzung mit solchen literarischen Schicksalen hat mir auch geholfen, das zu entwickeln, was man soziale Intelligenz nennt. Ich habe gelernt, wie man innerhalb einer Gruppe seine Interessen wahrnehmen und durchsetzen kann. Das hat mir immer wieder geholfen: beim Boxen während der Kämpfe im Ring, im Gefängnis, als es um die Erlaubnis für Fights außerhalb der Anstalt ging, und später auch beim Umgang mit den Journalisten und der Presse. Ich konnte dadurch viel öfter als früher in allen möglichen Situationen die Zügel in der Hand behalten. Und es hat mir geholfen zu verstehen, wie Leute denken und was sie tun – und wenn sie mir etwas vorspielen wollen, dann merke ich das.

Bei meinen Kindern Sascha und Katharina habe ich es zum Glück etwas besser verstanden, die Vaterrolle zu übernehmen, als es mir bei meinem ersten Sohn Charly junior gelungen ist. Zu beiden habe ich ein tolles Verhältnis, und ich habe es auch geschafft, viele von diesen Dingen, die ich gelernt und nach und nach verstanden habe, in der Erziehung umzusetzen. Ich habe bei den beiden immer versucht, sie so zu erziehen, wie ich es mir im Rückblick für mich selber in meiner Kindheit gewünscht hätte. Dazu gehört, in eine Familie eingebettet zu sein, Solidarität untereinander zu leben und loyal miteinander umzugehen. Wer das erlebt, der kann sich in kritischen Situationen auch mal zurücklehnen, weil er weiß, dass er jemanden hat, der ihm Halt gibt – so wie ich es selber nie erlebt habe. Zusammenhalten, sich gegenseitig helfen, das macht den Einzelnen stark, und die beiden meistern ihr Leben prima. Darauf bin ich richtig stolz. Wenn ich mit den Jugendlichen in den Schulen und Heimen trainiere, dann sollen sie auch etwas von diesem Zusammenhalten erfahren. Und davon, dass Boxen viel mehr ist als nur Drauflosprügeln. Für mich ist Boxen Kunst – die Kunst, die eigene Kraft mit einem Verständnis der ganzen Kampfsituation zu verbinden. Die Klitschko-

Brüder zum Beispiel boxen einfach ihre Kämpfe runter, aber das ist mir, ehrlich gesagt, zu einfach. Wenn man sich dagegen Ali anschaut – von dem wird heute noch gesprochen, weil er etwas geboten hat, das die Kunst mit der Härte verschmolzen hat. Das Ergebnis war eine großartige Show. Boxen ist auch Show, und Showkunst ist es, was Alis Qualität bis heute ausmacht. Damit hebt er sich von so vielen der heutigen Boxer ab. Zu dieser wirklich guten Klasse von Boxern, wie Ali einer war, gehören nur noch wenige andere: Sugar Ray Leonard zum Beispiel, der war unheimlich kreativ, und dann noch Oscar de la Hoya und Floyd Mayweather – bei denen ging es nicht darum, den Gegner einfach nur umzuhauen, sondern ihn strategisch und künstlerisch zugleich zu besiegen. Das gelang mir in meinen guten Kämpfen auch. Ich hatte schon früh in meiner Karriere begriffen, worauf es dafür ankam. Wer weiß, was aus mir alles hätte werden können, wenn ich nicht auf die schiefe Bahn geraten wäre? Vielleicht hätte es ja sogar für einen Weltmeisterkampf gereicht? Die Voraussetzungen dafür habe ich damals mitgebracht – sie genutzt habe ich nicht. Heute habe ich mit der Boxszene fast nichts mehr zu tun. Ich schaue mir keine Kämpfe mehr an, auch nicht im Fernsehen – der sportliche Anspruch ist ganz oft durch Geschäftsinteressen ersetzt worden. Das gab es früher natürlich auch, dass vorher Absprachen darüber getroffen wurde, wer siegen oder verlieren sollte. Heute habe ich den Eindruck, dass man die Kämpfe so ungleich zusammenstellt, dass von Anfang an das Ergebnis feststeht. Wenn man sich beispielsweise den WM-Kampf Ende 2009 zwischen Vitali Klitschko und dem Amerikaner Kevin Johnson genauer anschaut – dann war das für eine Weltmeisterschaft nicht mehr als ein Witz. Wenn der Herausforderer so schwach ist, dann ist der Ausgang ja schon vorprogrammiert. Aber die Rechnung der Promoter geht trotzdem auf, die Leute kommen in die Hallen, sie wollen Klitschko und die anderen Boxer mit bekannten Namen sehen, aber sie haben eigentlich keine Ahnung, wie stark die Kämpfer wirklich sind. Nur deshalb kann auch der Veranstalter einen so schwachen Gegner so hochstilisieren, wie das bei diesem WM-Kampf gemacht wurde. Da unterscheidet sich das Boxen von anderen Sportarten wie zum Beispiel dem Fußball: Dass der FC Bayern München gegen den VfL Bochum mit 5:0 gewinnt, kann man niemandem als Überraschung verkaufen, weil jeder irgendwann mal selber Fußball gespielt oder zumindest gehört hat, dass Bayern die beste deutsche Mannschaft und Bochum der absolute Außenseiter ist. Beim Boxen dagegen ist es möglich, so zu tun, als wäre Kevin Johnson ein kaum zu schlagendes Genie, und wenn dann Klitschko gewinnt, wird das als – angebliche – Sensation verkauft. Dabei ist das einzig Bemerkenswerte, dass Johnson über die gesamte Distanz von zwölf Runden nicht K.o. geschlagen wurde.

Jahrelang stand Charly Graf im Fokus des Journalisteninteresses, vor allem der Sportreporter. Erst als deutsche Boxhoffnung, dann als gestrauchteltes Idol, schließlich wieder als Häftling bei Resozialisierungskämpfen und als Deutscher Meister. Im Allgäu jedoch ist er vor journalistischer Beobachtung weitgehend sicher. Und auch später, als Charly bereits nach Mannheim zurückgekehrt ist, dauert es noch, bis die Presse wieder auf ihn aufmerksam wird. Da hat er schon einige Jahre als Trainer von Kindern und Jugendlichen hinter sich. »Sein größter Kampf« lautet im März 2005 die Überschrift über einem langen Artikel im Kicker, in dem Hartmut Scherzer – er hatte Charly auch früher schon öfter portraitiert – den neuen Charly Graf beschreibt. »Selbst im Leben gescheitert, will er verhindern, dass andere scheitern: Ex-Boxchampion Charly Graf (53) trainiert verhaltensgestörte Kinder, gibt Erfahrungen aus seiner turbulenten Biografie weiter. Lebenshilfe als Weg zur Selbstfindung, das ist der Stoff, aus dem melodramatische Filme gemacht werden«, heißt es in dem Artikel: »Nun versucht Graf den Prozess seiner Selbstfindung verhaltensgestörten Jugendlichen zu vermitteln. Er tut dies ehrenamtlich, in 16 Unterrichtsstunden pro Woche. ›Herr Graf kann sich gut in die Denk- und Handlungsweise unserer Kinder hineinversetzen. Er versteht ihre Gefühlslage und wird von ihnen als Identifikationsperson erlebt, die in ihrer Gesamtheit beispielhaft wirkt‹, heißt es in einem Arbeitszeugnis der Hans-Zulliger-Schule. Das Ministerium für Kultus, Jugend und Sport in Baden-Württemberg hat sich zwar bei Graf für sein ›ehrenamtliches Engagement im Rahmen des so genannten Lehrbeauftragtenprogramms‹ bedankt, seine Bewerbung um eine hauptamtliche

Tätigkeit aber abgelehnt. Eine Vollzeitbeschäftigung sei leider nicht möglich. Die Aufwandsentschädigungen werden von der Sozialhilfe wieder abgezogen.«

Das ist schon seltsam: Einerseits wird mir immer wieder bescheinigt, wie wichtig doch meine Arbeit mit den Kindern und Jugendlichen ist und wie viel diese Arbeit zu einem besseren Klima in der jeweiligen Einrichtung beiträgt. Andererseits stoße ich aber auch immer wieder an Grenzen, wenn ich versuche, aus diesem ehrenamtlichen Engagement ein dauerhaftes Beschäftigungsverhältnis zu machen. Dabei wird meine Arbeit auch von der Wissenschaft geschätzt: Bernd Ahrbeck ist Professor für Verhaltensgestörtenpädagogik an der Humboldt-Universität in Berlin, und er hat mich vor einigen Jahren an seine Uni eingeladen. Bernd Ahrbeck hatte in der Zeitung von meiner Arbeit gelesen und mich daraufhin angerufen. Und als er dann am Telefon sagte: »Hier ist Professor Ahrbeck aus Berlin«, da dachte ich erst mal, dass mich jemand so richtig derbe reinlegen will, und habe kommentarlos den Hörer wieder aufgelegt. Ich und eine Rede an der Universität halten? Das konnte ja nur eine Verarschung sein. Aber er hat nicht lockergelassen und mir dann einen Brief geschrieben – und da habe ich dann gesehen, dass die Anfrage echt war. Ich fühlte mich intellektuell total überfordert und war wahnsinnig nervös – schließlich habe ich ja nur einen Hauptschulabschluss, und dass ich jetzt da vor den ganzen Studenten und Pädagogen reden sollte, machte mir schlichtweg Angst. Andererseits gab es ein Honorar von fünfhundert Euro, das war natürlich ein Anreiz, denn viel Geld hatte ich ja nicht. Da bin ich also mit dem Zug nach Berlin gefahren, und als ich auf das Gelände der Universität kam, sah ich plötzlich überall diese kleinen Plakate hängen mit dem Hinweis darauf, dass Charly Graf in der Aula eine Rede hält. Ich bekam eine solche Panik, dass ich sofort wieder umdrehen und zurückfahren wollte – aber da war eben dieses Honorar, das ich gut brauchen konnte. Ich habe mich dann selber überredet: Gut, dann machst du dich eben lächerlich, nimmst das Geld und fährst wieder nach Hause. Als ich mich dann zu diesem Professor Ahrbeck durchgekämpft hatte, erklärte er mir, dass wir gleich zwei Veranstaltungen machen würden, eine noch am gleichen Tag in einem kleineren Raum und eine am nächsten Tag vor einer größeren Gruppe. Der kleinere Raum fasste siebzig Leute, alles Uni-Dozenten, Doktoren und Lehrer, und am nächsten Tag erwartete er rund zweihundert Zuhörer. Das hat mich natürlich überhaupt nicht beruhigt, im Gegenteil, ich dachte nur: Augen zu und durch. Und überraschenderweise hat das dann auch wirklich gut funktioniert, es gab richtig gute Gespräche, die Zuhörer haben immer wieder ganz interessiert nachgefragt. Als ich abends nach der ersten Veranstaltung im Gästezimmer der Universität im Bett lag und über diese Reise nachdachte, kam mir das alles immer noch total unwirklich vor. Ich versuchte dann noch, etwas über verhaltensgestörte Jugendliche zu lesen. Die Fachbücher hatte ich mir als Marschgepäck mitgenommen, aber schlauer geworden bin ich dadurch auch nicht. Und der nächste Tag machte mir ein wenig Sorgen, schließlich würde die Gruppe der Zuhörer viel, viel größer sein. Ich habe mich dann entschlossen, dass ich einfach versuche, authentisch zu bleiben, dann würde ich am wenigsten Fehler machen. Am nächsten Tag habe ich dann so geredet, wie mir der Schnabel gewachsen ist. So habe ich den Studenten und Doktoren erklärt, wie ich mit meinem Background zu meiner Arbeit gekommen bin und welchen Weg ich gegangen bin. Anderthalb Stunden habe ich erzählt und erzählt, und man merkt ja schon, ob einem die Leute zuhören oder ob sie sich langweilen. Sie waren aber sehr interessiert, und das hat mich sicherer gemacht in meiner Rede. Am Ende standen die Zuhörer auf und klatschten. Ich kann gar nicht beschreiben, wie ich mich in diesem Moment gefühlt habe. Ich hatte vorher, weil ich kein Geld hatte, drei Tage lang nur von Wasser und Brot gelebt und ich war als Hartz-IV-Empfänger ja auch an permanenten leichten Hunger gewöhnt. Mit diesem Hungergefühl bin ich auch nach Berlin gefahren und hatte auch während meiner ersten Rede noch Kohldampf. Aber als ich dann diese überwältigende Reaktion der Zuhörer bemerkte, da habe ich den Hunger tatsächlich vergessen. In diesem Moment hat es mich so glücklich gemacht, dass ich die versammelten Akademiker mit meinen Erzählungen beeindrucken konnte.

»Ein Ex-Boxer, Ex-Champion und Ex-Knacki als Laienlehrer für schwer erziehbare Kinder und extrem schwierige Jugendliche«, schreibt Hartmut Scherzer im Kicker über Charlys Auftritt vor den angehenden Sonderpädagogen: »Hier werden die Studenten ausgebildet für den Umgang mit verhaltensgestörten, traumatisierten Kindern, die meistens aus niedrigem sozialem Milieu kommen. Mit genau dieser Problemgruppe beschäftigt sich der ehemalige Strafgefangene. Der deutsche Box-Schwergewichtsmeister von 1985 versucht, gefährdete Jugendliche vor dem Abgleiten in die Kriminalität zu bewahren. Für Professor Ahrbeck stellt sich die Hauptfrage, ob jemand, der aus der gleichen sozialen Randlage stammt, leichter Zugang zu diesen Problemkindern findet – zumal mit Unterricht im Kampfsport – als akademisch ausgebildete Lehrer. ›Was kann Herr Graf als pädagogischer Laie, aber als Betroffener und sporterfahrener Mensch erreichen?‹ Dieses Thema, so der Professor, sei bei den Studenten auf große Resonanz gestoßen, nachdem der Gastredner ›sehr offen und ohne Schamgefühl‹ berichtet habe, wie er mit seinem außergewöhnlich schwierigen Lebenslauf zurechtgekommen sei.«

Hartmut Scherzer war irgendwann auf meine Aktivitäten in den Schulen aufmerksam geworden, als ich dort schon einige Zeit meine Kurse anbot. Wir hatten über all die Jahre losen Kontakt gehalten. Als ich dann von den Trainings mit den Jugendlichen erzählt habe, war er zuerst erstaunt und dann so begeistert, dass er sofort angereist kam und einen kleinen Artikel daraus gemacht hat. Er schrieb darin zutreffend, dass die Auftritte an der Universität für mich wie ein »Comeback in der Gesellschaft« waren. Das hört sich vielleicht bombastisch an, aber es stimmt schon, dass ich gegenüber der Gesellschaft und anderen Menschen eine andere, viel gelassenere Haltung entwickelt habe. Früher zum Beispiel, im Gefängnis, hatte ich häufig Stress mit den Wärtern. Die Beamten waren meine Feinde, ich habe alles ignoriert, was sie gesagt haben. Da kam es öfter vor, dass ich ihnen aus Wut hinterhergerannt bin und sie bedroht habe, weil ich so unkontrolliert sauer über irgendetwas war. Heute sehe ich das ganz anders: Ein Vollzugsbeamter ist eigentlich ein »armer Hund«. Bei uns war jeweils ein Beamter für ein Stockwerk mit sechzig oder siebzig Gefangenen zuständig – und jeder dieser Gefangenen lässt seinen Frust an diesem Menschen aus. Bei dem einen ist es der abgelehnte Hafturlaub, beim nächsten die weggelaufene Frau oder die Scheidung, beim Dritten der Sohn, mit dem alles schiefläuft. Alles das wird auf diesen Beamten projiziert, der dafür natürlich überhaupt nicht verantwortlich ist, aber trotzdem alles abbekommt. Wirklich, das sind »arme Hunde«. Und weil ich das heute weiß, habe ich mich – auch wenn das vielleicht komisch klingt – wirklich geehrt gefühlt, als ich vor einiger Zeit vom Mannheimer Anstaltsleiter eingeladen worden bin. Der wollte, dass ich in den Knast komme und dort vor den Gefangenen über Gewalt rede. Das war völlig überraschend und wirklich eine Ehre für mich. Ein paar Gefangene und das Personal kannte ich auch noch aus meiner Haftzeit – die waren total perplex, als ich plötzlich dort auftauchte und eine Rede hielt. Und sogar Zigaretten hatte ich mitgebracht – was eigentlich streng verboten war. Aber ich bin gar nicht durchsucht und kontrolliert worden, die legten wirklich Wert auf meinen Besuch und wollten auf gar keinen Fall riskieren, mich wieder wegschicken zu müssen. Also haben sie lieber auf die Kontrolle verzichtet.

In meiner Rede ging es um Gewalt und um die Frage, wie sie entsteht. Im Knast entsteht Gewalt oft durch Erwartungen an die Anstaltsleitung, die nicht erfüllt werden oder auch nicht erfüllt werden können. Das passiert zum Beispiel, wenn ein Urlaubsantrag abgelehnt wird, obwohl sich jemand gut geführt hat. Dass sich viele im Knast nur aus Berechnung gut benehmen, ist ja ohnehin klar. Aber manchmal war ein Gefangener sehr kooperativ und er bekam trotzdem keinen Urlaub – das sorgt für Frust, man hält solche willkürlichen Entscheidungen der Anstaltsleitung für ungerecht, und schon ist eine gewalttätige Stimmung da. Natürlich kamen die Fragen, was man denn dagegen machen soll, das sei doch wirklich ungerecht. Ich sagte dann: Mensch, seid ihr naiv, ihr könnt nur von euch selber etwas erwarten, nicht von anderen Leuten. Erwartet von euch etwas! Dann – und nur dann – passiert vielleicht auch etwas Positives. Draußen, außerhalb des Gefängnisses, hilft einem auch niemand. Da kommt es immer nur auf einen selber an. Auch bei diesem Vortrag ging ich in Vorlage und gab zu, dass ich früher ein absoluter Vollidiot war. Wenn man sich selbst als Arsch outet, ist man glaubwürdiger, gerade dann, wenn man den anderen klarmachen will, was sie für einen Schwachsinn anstellen. Für die Gefangenen waren meine Bekenntnisse erst mal überraschend, für die Beamten aber auch. Aber es kam an, das habe ich gemerkt, alle haben sehr aufmerksam zugehört und waren auch wirklich beeindruckt.

Für diesen Auftritt im Knast brauchte ich gar nicht so viel Mut wie zum Beispiel an der Universität in Berlin. Ich wusste einfach: Das ist der richtige Weg. Das Selbstbewusstsein, mich vor eine Gruppe zu stellen und über meine Geschichte zu reden, habe ich mir erarbeitet, weil ich weiß: Wenn ich authentisch bin, dann mache ich keine Fehler. Ich kann mich ja nicht vor die Gefangenen stellen und denen sagen: »So, Jungs, ich habe alles anders gemacht als ihr, und wenn ihr ein ordentliches Leben führen wollt, dann müsst ihr das so und so machen.« Da würde ja jeder abwinken. Ich kann die Zuhörer nur erreichen, wenn ich über meine eigenen Fehler spreche. Und wenn ich im Nachhinein meine Fehler benenne, dann kritisiere ich natürlich indirekt auch die Gefangenen und ihre kriminellen Handlungen, ohne dass ich sie oder ihr Tun als falsch bezeichnen muss.

In den Heimen und Schulen, mit den Jugendlichen, ist es für mich aber leichter. Die kennen mich normalerweise ja nicht, da muss ich erst mal mein Leben erzählen. Dabei ist es aber immer wichtig, auf Augenhöhe mit ihnen zu bleiben und nicht von oben herab mit ihnen zu reden. Das ist mein Erfolgsrezept und das akzeptieren die meisten Lehrer an den Schulen.

Manchmal stoße ich aber auch auf Lehrer, die mich und meine Art des Umgangs mit den Jugendlichen nicht mögen. Vielleicht sind sie neidisch wegen des Medieninteresses oder weil ich so schnell einen guten Draht zu den Kindern aufbauen kann, an die sie jahrelang nicht richtig herankommen. Und dieser Neid, diese Missgunst ist ihnen manchmal wichtiger, als den Kindern ganz konkret zu helfen. Es gibt da so eine Geschichte, die mich wahnsinnig enttäuscht hat. Einmal hätte ich bei Sandra Maischberger auftreten sollen, und die Redaktion fragte, ob es möglich sei, einen der Jungen mitzubringen, mit denen ich in einer Boxgruppe an einer Schule trainierte. Tausend Euro Honorar hätte ich dafür bekommen, und das ist für mich richtig viel Geld. Und für den Jungen, der mitgekommen wäre, und seine Eltern hätte es ebenfalls noch mal tausend Euro gegeben – und dazu den Flug mit Hotelübernachtung in Berlin. Ich bin also zwei Wochen vor dem geplanten Sendetermin zu diesem Lehrer hingegangen und habe ihm von dieser Anfrage erzählt. Das war eine Schule mit Schülern, deren Eltern meist Hartz-IV-Zahlungen bekamen, und ich dachte, das könnte eigentlich nicht so schwer sein, eine Familie zu finden, für die dieser Fernsehauftritt auch finanziell eine echte Unterstützung gewesen wäre. Die Reaktion des Lehrers war für mich völlig unerwartet: »Oh, oh, oh«, sagte er und schüttelte den Kopf, »das geht nicht so schnell, das wird ganz schwer.« Ich verstand das nicht. Wo war denn da das Problem? Wir haben dann ein bisschen diskutiert, Gründe hat er mir nicht genannt, aber am Ende erklärte er sich bereit, herumzutelefonieren und eine Familie zu suchen, die mit zu der Sendung kommen könnte. Ich sollte bitte zwei Stunden später noch einmal vorbeikommen. Als ich wieder bei ihm im Büro stand, sagte er mit einem Achselzucken, er habe leider, leider niemanden gefunden: »Aber ich würde mich opfern, ich würde mitfliegen nach Berlin. Da kommt ja dann auch Kompetenz ins Spiel.« Ich war fassungslos, weil mir sofort klar war, dass er ganz andere Interessen hatte. Ihm ging es nur darum, sich selbst vor der Fernsehkamera darzustellen! Und das, obwohl er wusste, dass ich kaum Geld hatte und das Honorar gut brauchen konnte – und die Familie des Jungen auch. Die Redaktion hat natürlich abgelehnt, dass er mitkommt, weil es nicht zum Konzept der Sendung passte. Der Lehrer hatte mich bei dieser Geschichte glatt angelogen, denn Eltern, die mit einem Fernsehauftritt ihres Sohnes einverstanden waren, gab es genug. Das habe ich nachher erfahren.

Aber das sind zum Glück Ausnahmen. Das Feedback der meisten Leute ist unglaublich positiv, viele versuchen auch, mich bei dieser Arbeit mit den Jugendlichen zu unterstützen. Und andere zeigen mir einfach, dass sie gut finden, was ich mache. Es gibt da zum Beispiel diesen Friseurladen, Friseur Jaime, in den ich immer gehe. Da hängt seit einiger Zeit ein altes Schwarz-Weiß-Bild von mir aus den sechziger Jahren, noch ganz aus meiner Anfangszeit als Boxer. Aber das haben sie erst aufgehängt, als sie von meiner Arbeit in den Schulen erfahren haben. So etwas ist eine tolle Anerkennung für meine Arbeit, finde ich.

Manchmal bekommt Charly sie auch gar nicht mit, diese kleinen Gesten der Anerkennung für sein Engagement. Etwa dann, wenn er in Mannheim in die Straßenbahnlinie 3 steigt und ihn ein vielleicht zwölf- oder dreizehnjähriges Mädchen entdeckt, ohne ihn aber anzusprechen oder zu grüßen. Hinter seinem Rücken macht sie ein paar schnelle Ausfallschritte und ein bisschen Schattenboxen. Ganz offensichtlich kennt sie Charly, vielleicht hat sie bei ihm trainiert – ihre Schläge in die Luft sehen jedenfalls nicht so aus, als würde sie das zum ersten Mal machen. Als sie merkt, dass die anderen Fahrgäste durch ihr Gefuchtel auf Charly aufmerksam geworden sind, ist sie zufrieden und wendet sich wieder ihrer Freundin zu. Die ganze Szene wirkt fast wie ein stummes, verstecktes Dankeschön.

Im Jahr 2000 hatte ich zum ersten Mal ein Training in einer Schule durchgeführt, aber erst Ende 2007 ist daraus eine feste Anstellung bei der Stadt Mannheim, später dann bei der Wohnungsbaugenossenschaft geworden. Manche Dinge brauchen eben Zeit, und vieles ergibt sich irgendwann aus dem anderen. Zum Beispiel dieser kleine Artikel in der *FAZ*, den Hartmut Scherzer irgendwann über mich geschrieben hatte. Durch diesen Artikel ist der Erziehungswissenschaftler aus Berlin auf mich aufmerksam geworden, was dann zu meiner Einladung an die Humboldt-Universität führte. Bei einem der Vorträge dort saßen dann ein paar Filmleute im Publikum, unter ihnen Walter Krieg. Und der fand das, was ich erzählt habe, so spannend, dass er den Fernseh- und Kinofilm »Der schwarze Graf« drehte. Als der Film 2007 dann fertig war, wurde mir, bevor er überhaupt ausgestrahlt war, eine DVD geschickt, so dass ich mir schon vorher anschauen konnte, was mit dem Film überhaupt auf mich zukam. Diese DVD gab ich dann ein paar Freunden, denn mich interessierte natürlich ihre Meinung. Weil sie den Film wiederum weitergaben, verbreitete sich die DVD auch unter Leuten, die ich persönlich gar nicht kannte. Unter anderem hatte der Film auch einen Geschäftsmann aus Heidelberg, Tim Lemke, erreicht. Sechs Monate im Jahr lebt er in Dubai. Lemke hat dort ein riesiges Anwesen und geht bei einem der Scheichs aus und ein. Und weil er auf einer dieser Reisen diesen Film dabeihatte, führte er ihn einem seiner Gesprächspartner vor, der Deutsch konnte. Der Scheich war so begeistert, dass er mich sofort nach Dubai einlud. Alles wurde von dort aus organisiert. Für mich war das eine tolle Chance, und so habe ich gerne zugesagt.

Auch das war in der Zeit, als es mir finanziell ziemlich schlecht ging. Einen Tag vor meinem Abflug nach Dubai wurde mir in meiner Wohnung von den Stadtwerken das Licht abgestellt, weil ich mal wieder die Stromrechnung nicht pünktlich bezahlt hatte. So musste ich dann abends mit einer Taschenlampe durch die Wohnung laufen und meine Sachen zusammensuchen, um den Koffer zu packen. Früh am nächsten Morgen sollte der Flug nach Dubai von Frankfurt aus starten. Unglücklicherweise entdeckte ein Nachbar beim Blick aus dem Fenster den Lichtstrahl meiner Taschenlampe, der durch die Wohnung geisterte. Weil er fest davon überzeugt war, Einbrecher entdeckt zu haben, rief er sofort die Polizei. Irgendwann, ich war gerade beim Kofferpacken, klingelte es an der Tür. Als ich aufmachte, wurde ich von einem starken Lichtstrahl geblendet – ein Beamter hielt mir seine Lampe direkt vors Gesicht, während ich mit meiner Lampe den Polizisten ins Gesicht leuchtete. Sie waren zu dritt. »Lampe runter! Was machen Sie hier?«, fauchten sie mich an. Ich erklärte, dass das meine Wohnung sei. »Wie heißen Sie?« Als ich meinen Namen nannte, fragten die Polizisten nach meinem Ausweis. Ich sagte, dass ich in der Dunkelheit nicht genau wüsste, wo der sei, nannte ihnen meinen Namen und erklärte die Sache mit dem abgestellten Strom. Die drei berieten sich dann eine Weile, und ich hörte, wie einer von ihnen flüsterte: »Ich glaube, das ist er wirklich.« Als sie dann abrücken wollten, sagte ein Beamter zum Schluss noch, ich sollte am nächsten Tag mit meinem Ausweis auf der Wache vorbeikommen, damit dann alles seine Richtigkeit habe. Das allerdings war wegen des bevorstehenden Flugs ein Problem – und so erklärte ich, dass das leider nicht möglich sei, weil ich gewissermaßen schon auf dem Weg nach Dubai sei. Daraufhin hörten die Polizisten gar nicht mehr auf zu lachen. »Nach Dubai«, wiederholten sie immer wieder, weil sie sich natürlich nicht vorstellen konnten, wie jemand, der kein Geld für die Stromrechnung hatte, sich einen so teuren Flug leisten konnte. Wäre da kein Geländer im Treppenhaus gewesen, wären sie vor lauter Lachen sicher die Treppe runtergefallen. Immer wieder hörte ich sie über mich spotten: »Viel Spaß in Dubai, Herr Graf! Und grüßen Sie die Scheichs, Herr Graf!« Die dachten, ich wäre – allein in der Dunkelheit meiner Wohnung – verrückt geworden und hätte mir die ganze Geschichte zusammengesponnen.

Die Zeit in Dubai war für mich absolut spannend. Ich war dort ständig zu Partys eingeladen und lernte unentwegt neue Leute kennen. Der Heidelberger Geschäftsmann und mein Gastgeber, der Scheich, wussten natürlich, wer ich war und wie es ungefähr um mich stand – dass ich nämlich mit nicht viel mehr als fünfzig Euro in der Tasche nach Dubai geflogen war. Die anderen Leute, die ich dort traf, hielten mich für einen schwerreichen Ölprinzen, der Teil dieser Geschäftswelt war. Sie haben einfach vorausgesetzt, dass ich unglaublich vermögend sei. Auf einer dieser Partys – das war am zweiten Tag, als ich in Dubai war – lernte ich dann eine Russin kennen: Elena. Wir haben uns gut verstanden und uns für den nächsten Tag in der Stadt verabredet – sie wollte mir Dubai zeigen, weil sie sich dort auskannte. Wir liefen dann ein bisschen durch die Stadt, und als wir an einem Juwelierladen vorbeikamen, zog sie mich an beiden Händen dort hinein und zeigte mir eine Rolex, die 20 000 Dollar kosten sollte. »Die muss ich haben«, sagte sie immer wieder, »die muss ich haben!« Als der Angestellte des Juweliers anfing, die Uhr einzupacken, verstand ich, dass sie erwartete, ich würde ihr das gute Stück schenken. Dabei war ich ja nur mit fünfzig Euro angereist. Ich erklärte ihr, ich hätte meine Geldbörse und meine Tasche im Hotel vergessen, und entkam mit dieser Notlüge nur knapp der peinlichen Situation. Elena glaubt wahrscheinlich bis heute, ich sei reich. Und so lernte ich Menschen kennen, die sich mit mir unter anderen Umständen ganz sicher nicht abgegeben hätten. Auf einer Party bin ich zum Beispiel dem Chef der regionalen Commerzbank vorgestellt worden, und irgendwann hat er mit mir angestoßen und mir verschwörerisch ins Ohr geflüstert: »Wir Reichen müssen zusammenhalten.« Ich erwiderte das nur mit einem Nicken. Sie hielten mich dort eben für einen vermögenden Mann und arroganten Pinkel, weil ich ständig einen

Angestellten des Scheichs in meiner Nähe hatte, der überall, wo ich war, für mich bezahlte. Mein Gastgeber wollte, dass ich keinerlei Unkosten hatte – und die anderen dachten, ich wäre so dekadent und faul, dass ich noch nicht einmal eigenhändig meine Kreditkarte benutzen wollte und mir extra dafür einen Angestellten halten würde.

Mit Elena habe ich mich danach zur Sicherheit nur noch in der Wüste getroffen: Da gab es keine Möglichkeit zum Shoppen, da konnte man nur Quad fahren, und das war noch halbwegs bezahlbar. Der Mann mit der Kreditkarte war ja sowieso immer in der Nähe.

Eigentlich hatte mich der Scheich aber für diese drei Wochen eingeladen, weil er wollte, dass ich mit seinen Söhnen trainiere. Wir haben dann vor allem Lauftraining gemacht – aber was heißt schon Training? Wenn wir irgendwo unterwegs waren, war immer ein Kühlwagen in der Nähe, und wenn die Jungs dann mal ein paar hundert Meter durch die Wüste gerannt sind, hielten sie schon wieder an, um sich von den Angestellten des Vaters ein paar gekühlte Getränke reichen zu lassen. Das war schon eine bizarre Situation. Mehr als vier Kilometer sind wir nicht gerannt – und die wurden noch durch mindestens zehn Trinkpausen unterbrochen. Für mich war es sehr interessant, einen solchen Reichtum einmal aus nächster Nähe zu erleben, da ich als Kind von so etwas ja nicht einmal zu träumen gewagt hatte. Und auf der anderen Seite gab es in Dubai diese ganze Armut: die Bauarbeiter aus Bangladesh und Pakistan, die sieben Tage in der Woche arbeiten müssen und dafür 250 Dollar im Monat verdienen. Die Schere zwischen Arm und Reich geht dort unglaublich weit auseinander. Ich habe zwar dort nur die Sonnenseite erlebt, aber ein Land zum Leben wäre das für mich nicht.

Wenn man von einer solchen Reise zurückkommt, schaut man natürlich mit ganz anderen Augen auf die eigene Welt. Und man macht sich so seine Gedanken über die Menschen um sich herum und die eigenen Ziele und Wünsche. Die Bekannten aus dem Milieu treffe ich heute – zum Glück – nur noch durch Zufall auf der Straße. Dann wechseln wir ein paar Worte, mehr nicht. Ansonsten bin ich relativ viel alleine. Manchmal kann ich das gut aushalten, manchmal fällt es mir sehr schwer. Gerade in solchen Momenten stelle ich mir auch religiöse Fragen. Ich bin zwar kein Kirchgänger, und auch mit dem

Beten habe ich es nicht so. Aber ich mache mir viele Gedanken darüber, ob es so etwas wie eine göttliche Ordnung gibt. Ich bin Christ,
und wenn ich sehe, was derzeit so alles im Namen des moslemischen
Glaubens veranstaltet wird, dann bin ich, ganz offen gesagt, froh,
nicht dieser Religion anzugehören. Eines allerdings weiß ich: Religi-
öser Fanatismus führt zu Gewalt. Bushs Einmarsch im Irak war so
ein Beispiel. Da wird dann im Fernsehen Gewalt als Stärke verkauft,
in jeder Nachrichtensendung zeigen sie Bilder von Kämpfen und
Krieg. Und dann soll ich einem Vierzehnjährigen erklären, dass Gewalt Mist ist? Immerhin reden wir darüber. Dann entwickeln sich
Gespräche, wie ich sie mit meiner Mutter nie führen konnte.

Sie war ja meine einzige echte Bezugsperson, die ich als Kind und
Jugendlicher hatte. Verwandte gab es nicht, jedenfalls habe ich nie
welche kennengelernt. Deshalb war das natürlich eine besonders
enge Beziehung – aber auch eine hoch problematische. Es gab eine
richtige Hassliebe zwischen uns. Ich habe mich für meine Mutter
geschämt, schon ganz früh, eigentlich seit ich denken kann. Im
Nachhinein habe ich dann von entfernten Bekannten von ihr gehört,
dass sie eine seltsame Jugend gehabt hatte. Sie war früh von zu
Hause weggegangen und durch die Lande gezogen, ohne ein Zuhause zu haben. Heute denke ich: Ich hätte ihr mal irgendwann
etwas Liebes sagen sollen. Als Kind habe ich das vielleicht getan.
Später habe ich sie zwar regelmäßig besucht, aber ich konnte ihr
nicht »Ich liebe dich« oder so etwas sagen. Ich bekam das einfach
nicht über meine Lippen, nicht einmal, als sie schon todkrank im
Bett lag und ich wusste, dass sie nur noch ein paar Tage leben
würde. Ich konnte das einfach nicht. Es ging nicht. Vielleicht lag das
daran, dass ich es immer auf mich bezogen habe, wenn sie Mist gebaut hatte. Ich fühlte mich verantwortlich. Wie sie gelebt hat – mit
ihren vielen Liebhabern –, das war sogar bei uns im Viertel, wo es ja
noch viele andere Alkoholiker gab, extrem. Wenn sie da völlig betrunken und mit vielen Männern gleichzeitig zu uns nach Hause
kam, haben das alle Nachbarn mitbekommen. Sie wussten, dass ich
auch im Haus war, aber eingegriffen oder sich um mich gekümmert
hat sich niemand.

Als ich klein war, hat sie mich geprügelt. Und sie hat mich eingespannt für ihre Zwecke: Neben uns in den Baracken wohnte eine Familie – die Frau wurde von meiner Mutter immer als ihre Freundin bezeichnet, obwohl das gar nicht stimmte. Wenn wir nichts mehr zu essen hatten, schickte sie mich dorthin zum Klauen. Mit vier oder fünf Jahren ließ ich Brot und Butter aus dem Kühlschrank unserer Nachbarn mitgehen, weil meine Mutter das von mir verlangt hatte. Und das bei einer Familie, der es auch nicht besser ging als uns! Daher kam meine Scham. Und später, wenn ich zum Boxtraining ging, hatte ich ständig Gedanken im Kopf, die mit diesen Erlebnissen zu tun hatten: Wenn ich jetzt trainiere und stark bin, dann kann mich niemand mehr zwingen, Dinge zu tun, die ich nicht will. Dass ich in dieser Szene und später im Milieu auch gelernt habe, selber andere Menschen zu bestimmten Dingen zu zwingen und dabei auch Gewalt einzusetzen, habe ich mir damals nicht eingestehen wollen. Das wurde für mich zur Normalität. Es war für mich normal, eine Frau auszunutzen und zur Arbeit im Puff zu zwingen.

Wenn ich alleine war, habe ich oft geweint: als Kind, als Jugendlicher, als junger Boxer, später auch noch. Weil ich schon ganz früh geahnt habe, dass da irgendetwas ganz fürchterlich schiefläuft zwischen mir und meiner Mutter und darauf aufbauend auch in meinem ganzen Leben. Ich konnte das nur nicht artikulieren. Wenn ich etwa in Kelkheim im Boxcamp meine langen Tage mit Training und der Arbeit in der Holzfabrik hinter mir hatte, saß ich abends in meinem Zimmer und fühlte mich unendlich einsam. Diese wahnsinnige Traurigkeit kann ich noch heute spüren. Ich war so sensibel und verletzlich, aber es war niemand da, mit dem ich irgendetwas besprechen konnte. Wie ein eingesperrtes Tier fühlte ich mich und ich litt unter der Sehnsucht, zurück nach Mannheim fahren zu wollen, zu meiner Mutter. Und das, obwohl ich wusste, dass ich mit ihr auch nicht würde sprechen können. Trotzdem hatten ihr Schweigen und unsere gemeinsame Sprachlosigkeit etwas wohltuend Vertrautes.

Heute lebe ich viel bewusster und kann diese Dinge verstehen. Aber ich merke auch, dass dieses neue Leben manchmal viel anstrengender und schwieriger ist als mein früheres Leben, als ich noch ziemlich doof durch die Welt marschiert bin. Ich denke, ich habe mich im Laufe der Jahre auf vielen Ebenen verändert, aber das Wichtigste ist die geistige Wandlung, der größere Horizont. Da gab es die Erkenntnisse in meiner Zeit im Gefängnis, als ich mich viel mit Hass und Aggressionen beschäftigt habe und mit der Frage, wie man sich mental stark macht, um ein Ziel zu erreichen. Meine Zelle war ja Bibliothek und Turnhalle in einem, und so verrückt das klingt: Es gab sogar im Knast Menschen, die an mich geglaubt haben und die mir damit mehr Halt als meine Mutter gegeben haben. Ich erinnere mich an einen Tag vor meinem ersten Kampf als Häftling in Stuttgart. Ich versuchte, mich, so gut es ging, vorzubereiten, und die Jungs im Knast wollten mir helfen und waren richtig rührend: Weil ich keinen Sparringspartner hatte, haben die sich im Hof in einer Zehnerreihe aufgestellt und dann einer nach dem anderen gegen mich geboxt – obwohl sie ja gar nicht boxen konnten. Aber sie gaben mir so die Möglichkeit, meine Reaktionen zu testen. Das hat mich sehr bewegt und war für mich ein Zeichen echter Anteilnahme. In der Zeit im Knast haben mir solche Begegnungen ganz viel Mut gemacht und eine Zuversicht ermöglicht, die ich zu Hause einfach nicht mit auf meinen Weg bekommen hatte. Meine Mutter war eine harte Frau, die immer nur genommen hat. Zum Glück bin ich in dieser Hinsicht ganz, ganz anders. Ich habe erfahren dürfen: Wenn man viel gibt, dann bekommt man auch viel zurück. Es hat lange gedauert, bis ich das verstanden habe. Aber wenn ich heute mit den Kindern und Jugendlichen trainiere, dann spüre ich das immer wieder, und das ist eine unglaubliche Bereicherung.

KÄMPFT FÜR EUER LEBEN!

»LINKS – WEGDUCKEN – RECHTS – LINKS!« Acht Kinder in der Turnhalle einer Schule für Erziehungshilfe sind ständig in Bewegung. Sie machen Schattenboxen als Vorbereitung auf die nächsten Trainingsschritte. Sie alle sind das, was man »sozial auffällig« nennen würde – aber hier sind sie in erster Linie Sportler. Mein Schwerpunkt in dieser Gruppe ist, dass ich versuche, die Jugendlichen beim Boxen bestimmten Stress-Situationen auszusetzen. Dafür eignet sich diese Sportart natürlich besonders gut, denn Boxen ist grundsätzlich Stress, und wenn sie dann gegeneinander antreten, geraten sie automatisch in eine Drucksituation, in der sie schnell reagieren müssen. Das Wichtige dabei: Sie lernen, unter diesem Stress bestimmte Regeln einzuhalten und nicht einfach wahllos ihren Impulsen nachzugeben. Denn sie sind es nicht gewohnt, sich zu bremsen, die treten zum Beispiel nach, wenn einer auf dem Boden liegt oder abwinkt. Es dauert lange, bis ich ihnen diese Regeln vermittelt habe, mit manchen Kindern arbeite ich über Jahre an diesem Thema. Immer, wenn es eine neue Gruppe gibt, fange ich damit wieder von vorne an. Und jedes Mal sind Kinder dabei, denen in stressvollen Situationen jede Kontrolle und Hemmung abhanden kommt.

Doch Spaß ist beim Training genauso wichtig. Auch bei einem harten, körperlich fordernden Training lachen wir viel, gerade in dieser Gruppe. Und ich habe die Freiheit, keinen Lehrplan abarbeiten zu müssen wie ein Lehrer, sondern ich kann ganz frei über den Trainingsplan entscheiden. Im Sommer gehe ich gerne mit den Jungs und Mädels nach draußen, zum Joggen oder für Gymnastik. Und wenn ich ein paar Euro übrig habe, dann spendiere ich nachher auch noch eine Runde Hamburger. Sagen wir mal so: Ich bin zwar irgendwie auch ein Lehrer, aber der andere Lehrer. Und für manche vielleicht sogar ein bisschen mehr. Wenn ich merke, dass einige schon seit Wochen mit derselben Hose kommen, dann bringe ich ihnen schon mal Klamotten von mir mit, eine alte Jacke oder was ich sonst noch habe. Dann sind sie glücklich.

Es gibt zwei Arten von Wut, die Jugendliche mit sich herumtragen. Bei den älteren, den Achtzehn- oder Neunzehnjährigen, ist es diese kalte, berechnende Wut, die sie lange in sich aufgebaut haben. Wie der Junge, der ohne erkennbare Emotion von seinem Wunsch erzählt, seinem Alten fünf Jahre lang mit einem Baseballschläger auf den Schädel zu schlagen. Ein anderer erzählt, er würde am liebsten seine Mutter erwürgen, und berichtet, dass sie immer irgendwelche Männer mit nach Hause gebracht hat und er schon als Sechsjähriger in das gesamte sexuelle Programm mit einbezogen wurde. Mit achtzehn hat er keinerlei Ausbildung, keinen Job, keine Familie mehr – nur seine Wut. Da brauche auch ich ganz, ganz starke Nerven. Das macht mich jedes Mal unglaublich traurig. Das sind ja alles Jungen und Mädchen, die mal als völlig unschuldige Kinder geboren wurden und dann in etwas reingerutscht sind, das sie selber nicht zu verantworten haben. Es ist unheimlich schwer, gegen diese kalte Wut anzukommen.

Die andere Art von Wut, die mir begegnet, ist meiner Meinung nach nicht ganz so gefährlich. Diese Wut wird durch Schlagen und Prügeln ausagiert. Die Jugendlichen treten nach, wenn jemand am Boden liegt, und bekommen sich dann nicht mehr unter Kontrolle. Natürlich ist das auch schlimm, aber an diese Kinder kommt man leichter heran. In vielen Fällen von Prügeleien spielt auch die Gruppendynamik eine wichtige Rolle. In diesen Jugendgangs herrscht so ein verqueres Bild, was einen Mann ausmacht und wann man ein Weichei ist. Ich vertrete dann immer meine These, dass Gewalttäter die eigentlichen Angsthasen und Weicheier sind. Das ist so, und das predige ich wieder und wieder. Ich war ja schließlich selber mal so ein Angsthase, der sofort zuschlug.

Manchmal ist es auch ganz einfach, jemanden auf den richtigen Weg zurückzuführen, wenn man ihm die richtigen Werte mitgeben kann. Wir reden dann darüber, ob die Texte in den Rap-Songs mit ihrer Gewaltverherrlichung und Frauenverachtung wirklich heldenhaft sind oder ob nicht viel mehr ein Typ ein Held ist, der eine eintönige Arbeit in einer Fabrik macht und der damit seine Familie ernährt.

Dann erzähle ich, dass ich im Kuhstall und im Straßenbau gearbeitet habe. Drecksarbeit war das, und ich habe mich mehr als einmal gefragt, was ich da eigentlich mache. Doch wenn ich an meine zwei Kinder dachte, wusste ich, wofür ich mich Tag für Tag quälte.

Es gibt ein Buch mit dem Titel *Der Todestrieb. Autobiographie eines Staatsfeindes*, das der französische Gangster Jacques Mesrine geschrieben hat. Ein unglaublich spannendes Buch, in dem ich mich sofort voll wiedererkannt habe. Ihm ging es genauso wie mir: Er hat in der Halbwelt mitgemischt, obwohl er die Typen dort gehasst hat. Später wurde er von der Polizei auf der Flucht erschossen, regelrecht hingerichtet. Das war einer, der ist ausgebrochen und wieder eingebrochen in den Knast, um seine beiden besten Freunde herauszuholen – ein große soziale Handlung, in den Knast einzubrechen. Eine tolle, verrückte Geschichte ist das. Aber den Jugendlichen so ein Buch empfehlen? Nein, das würden sie sowieso nicht lesen. Was man vom *Todestrieb* lernen kann, ist allerdings, einfach authentisch zu sein und zu zeigen, wer man ist und wie man sich fühlt, mit allem Lachen und allem Weinen. Es ist egal, was andere darüber denken – hier kann man soziale Intelligenz üben und trainieren. Dann fragen die Jugendlichen mich: »Was ist das – soziale Intelligenz?« Darunter verstehe ich, dass man sich mit bestimmten Handlungen und manchmal auch mit Taktieren durchsetzen kann und letztlich erreicht, was man erreichen will, und zwar nicht durch Gewalt und Zwang, sondern durch Reden und Handeln. Und dass man, wenn man feststellt, dass man die schlechteren Karten hat, sich auch zurückzieht und sagt: O.K., dann eben nicht. Das ist nicht feige, sondern schlau. Sich zurückzuziehen ist kein Zeichen von Schwäche, sondern von absoluter Stärke und eine hochgradig intelligente Entscheidung.

Das Lustige ist: Die Kinder und Jugendlichen mögen mich, weil sie sehen, dass ich Gewalt ausüben könnte, dass ich boxen kann, dass ich stark bin. Aber sie merken auch: Ich nutze diese Option nicht. Und das bringt sie zum Nachdenken. Deshalb hat meine Arbeit einen Sinn. Aber es gibt natürlich Grenzen, und auch dafür bietet mein Leben genügend Beispiele: Fundamentale Grundwerte, bei denen man sich nicht zurückziehen darf, sondern Farbe bekennen muss. Das gilt für Rassismus und Rechtsradikalismus, da gibt es keine Toleranz, finde ich. Da kann man nicht jonglieren, da geht es ums Ganze. Ich sage den Jugendlichen dann auch, dass Rassismus keine spezifisch deutsche Angelegenheit ist. Im Gegenteil, das gibt es in anderen Ländern, gerade in Osteuropa, viel stärker als bei uns, in Russland etwa: St. Petersburg ist eine rechtsradikale Hochburg. Wenn man überlegt, dass die Russen im Zweiten Weltkrieg etwa 25 Millionen Menschen verloren haben, dann ist das ja ein Hohn und ein übler Witz der Geschichte, dass sie heute eine so große rechtsradikale Bewegung haben. Wenn ich mit den Jugendlichen über solche Dinge rede, wird klar, dass geistige Bildung immer auch politische Bildung ist. Deshalb müsste man eigentlich hingehen und an jeder Schule einen Trainer wie mich einsetzen – nein: mehrere.

Es gab mal eine Schule, die mich angefordert hat. Als Trainingsraum stellte man uns ein dunkles Kellergewölbe zur Verfügung. Dort sollte ich mit zwanzig Jungen trainieren. Ein altes Gemäuer, in dem schon Erwachsene Depressionen bekommen. Die Kinder wurden dort sogar zur Teilnahme an meinen Kursen gezwungen – sonst drohte ihnen der Schulausschluss. Aber das funktioniert nicht. Man kann junge Menschen vielleicht zu einer Mathearbeit zwingen, aber ganz sicher nicht zum Boxen. Doch das verstand die Rektorin nicht. Sie stellte mir nicht mal Boxutensilien zur Verfügung, denn ihr ging es nicht um die Kinder. Ihr ging es darum, dass ihre Schule gut angesehen sein sollte. Das ist die einzige Schule, bei der ich nicht weitergemacht habe mit dem Training.

Die große Mehrheit der Schulen und der Lehrerinnen und Lehrer unterstützt meine Arbeit aber sehr engagiert. Sie geben mir die Möglichkeiten und Freiheiten, die ich brauche, um für die Schüler ein etwas anderer Lehrer sein zu können. Einer, der sie auch mal mitnimmt zum Eis Essen. Oder auch ins Krankenhaus: Als mir der Arzt gesagt hatte, dass meine Mutter im Sterben liegt, wollte ich trotzdem die Trainings der nächsten Tage nicht absagen. Ich habe dann mit einer Gruppe Waldlauf gemacht, und als wir an dem Krankenhaus vorbeikamen, in dem meine Mutter lag, sagte ich: »Da drin liegt meine Mutter. Ich weiß nicht, ob sie heute Abend noch lebt, ich würde gerne mal eben da rein.« Alle Kinder haben mich dann begleitet, zwanzig vierzehn- oder fünfzehnjährige Kinder zu Besuch bei meiner sterbenden Mutter. Viele haben geweint, und sie haben mich danach jeden Tag gefragt, ob sie noch lebt. Drei Tage später war sie tot.

Die acht Kinder im Kurs schwitzen, schimpfen, leiden. Aber sie bemühen sich, sie kämpfen. Kommt mein Kommando, dann prügeln sie dreißig Sekunden lang auf die von der Decke baumelnden Sandsäcke ein. »Zeit!«: drei Minuten gegen die Wand der Turnhalle. »Zeit!«: eine Runde Seilspringen. Am Schluss, nach einer knappen Stunde, sind sie ausgepowert und kraftlos. Und jetzt kommt der vielleicht wichtigste Moment der Stunde: Sie legen sich auf den Rücken, die Beine an der Wand nach oben gestreckt, und werden ruhig. Langsam gehe ich zwischen ihnen hindurch und gebe ihnen mit, was sie noch lernen müssen: »Ich bin konzentriert und kämpferisch, glücklich und erfolgreich!«, sage ich leise und eindringlich: »Ich bin konzentriert und kämpferisch, glücklich und erfolgreich!« Wenn sie daran glauben, bekommen sie auch ihr Leben in den Griff. Denn nur, wenn sie ihre Angst beherrschen und sich nicht selber von der Angst beherrschen lassen, werden sie den richtigen Weg gehen können.

DANK

Manchmal, wenn ich zurückblicke, kann ich es selber kaum glauben, wie ich mich verändert habe in den sechs Jahrzehnten meines Lebens – von einem absolut oberflächlichen Menschen, der seine Angst hinter Gewalt versteckte, zu einem Mann, der den Dingen gerne auf den Grund geht und nach Ursachen sucht, wenn etwas schiefläuft. So viele Kämpfe kommen mir in den Sinn – natürlich die als Boxer im Ring, aber viel mehr noch diejenigen, die ich in der Gesellschaft und vor allem mit mir selber ausfechten musste. Mehr als einmal habe ich dabei tatsächlich für mein Leben kämpfen müssen.

Dass ich diese Kämpfe gewinnen konnte, habe ich auch anderen zu verdanken; Menschen, die mir wichtig waren und sind und ohne die es dieses Leben – und damit auch natürlich dieses Buch – nie gegeben hätte. Danken möchte ich deshalb besonders: Rainer Spagerer, Ralph Kleber, Jochen Scheuermann, Dirk Heiselbetz, Susanne Sauer, Uwe Krempels und Sascha Graf sowie den Schulleitern Harald Knapp und Georg Jörder, den Schulleiterinnen Margarete Eisinger und Jutta Sahner und der Leiterin des Kinderheims St. Josef, Inge Groos.

Mein Leben war oft sehr traurig, und bis heute gibt es sehr einsame Momente. Aber ich bin stolz, heute auch den Reichtum meines Lebens erkennen zu können und diesen anderen Blick auf das eigene Dasein nicht nur an meine eigenen Kinder, sondern auch an andere Kinder und Jugendliche weiterzugeben. Sie alle sind Menschen, um die es sich zu kämpfen lohnt und die eine andere, bessere Perspektive brauchen. Sie alle sind unendlich wertvoll.

Datum	Gegner	Ort	Ergebnis	Bemerkungen
14.11.1969	Lutwin Hahn	Frankfurt/M.	K.-o.-Sieg	
12.12.1969	Andre Wyns	Köln	K.-o.-Sieg	
23.1.1970	Landro Galento	Frankfurt/M.	K.-o.-Sieg	
12.3.1970	Herbert Willems	Kelkheim	K.-o.-Sieg	
24.4.1970	Sella Bukari	Köln	Technischer K.-o.-Sieg	
11.9.1970	Giancarlo Bacchini	Frankfurt/M.	Technischer K.-o.-Sieg	
2.10.1970	Ivan Preberg	Frankfurt/M.	K.-o.-Niederlage	
2.1.1971	Macan Keita	Berlin	Niederlage nach Disqualifikation	Streit um Rundenzahl
5.2.1971	Macan Keita	Frankfurt/M.	Punktsieg	
26.2.1971	Henri Ferjules	Hamburg	Punktsieg	
26.3.1971	Mohamed Hassan	Mainz	Punktsieg	
30.9.1971	Burghard Lembke	Mainz	Punktsieg	
22.10.1971	Horst Dreyer	Köln	K.-o.-Sieg	
7.7.1972	Manfred Ackers	Fulda	Punktsieg	
8.2.1974	Ray Adonis	Frankfurt/M.	Technischer K.-o.-Sieg	
5.4.1974	Hans Thomsen	Hamburg	Unentschieden	
14.5.1974	Hartmut Sasse	Berlin	Punktniederlage	
16.5.1975	Flemming Jensen	Ludwigshafen	K.-o.-Sieg	
12.6.1982	Claus Parge	Mannheim	Unentschieden	
13.11.1982	Helmuth Owessle	Mannheim	Punktsieg	
20.7.1984	Andre van den Oetelaar	Stuttgart	K.-o.-Sieg	
5.10.1984	Thomas Classen	Frankfurt/M.	Unentschieden	
9.3.1985	Reiner Hartmann	Düsseldorf	Technischer K.-o.-Sieg	DM-Titel errungen
1.6.1985	Reiner Hartmann	Mannheim	Unentschieden	DM-Titel verteidigt
21.8.1985	Novak Radanovic	Bad Homburg	Punktsieg	
29.11.1985	Thomas Classen	Frankfurt/M.	Punktniederlage	Umstrittenes Urteil

QUELLEN/ZEITUNGSARTIKEL

16.12.1969: Hermann Ruping, *Hamburger Abendblatt:* »›Brauner Bomber‹ aus Mannheim: Charly Graf«

17.3.1970: Olaf Ihlau, *Süddeutsche Zeitung:* »Vorstadt-Sympathien für das Besatzungskind«

1.6.1970: Anonymus, *Twen:* »Der erste deutsche Neger schlägt zu.«

10.12.1970: Hartmut Scherzer, *Ruhr Nachrichten:* »Goldesel im Boxring?«

13.12.1970: Peter Bizer, *Welt am Sonntag:* »Er tanzt Samba im Ring wie Clay.«

4.1.1971: Eberhard Wittig, *Rheinische Post:* »Plötzlich fiel Copeland um.«

4.1.1971: Anonymus, *DIE WELT:* »Urtains Gegner täuschte K.o. vor – Charly Grafs Börse gesperrt«

1.12.1971: Hartmut Scherzer, *Frankfurter Rundschau:* »Charly Grafs gefährlicher Hang zum Halbwelt-Milieu«

1.9.1972: Helmut Fritz, *Pardon:* »Charly Graf boxt sich nicht durch.«

29.10.1973: Hartmut Scherzer, *Süddeutsche Zeitung:* »Neuer Versuch von und mit Charly Graf«

1.12.1973: Hartmut Scherzer, *Frankfurter Allgemeine Zeitung:* »Ein Film und die Realität: Der Boxer Charly Graf und seine Umwelt«

1.08.1984: Rainer Schloz, *Sport-Illustrierte:* »Mach mich fertig, Eugen«

29.10.1984: Anonymus, *Der Spiegel:* »Im Ring frei«

28.12.1984: Ulla Holthoff, *Die Welt:* »Ein Boxer auf der langen Suche nach sich selbst«

16.2.1985: Helmut Felker, *Vorwärts:* »Erträgt der ›Braune Bomber‹ die Freiheit?«

6.3.1985: Walter Brühl, *Neue Rhein-Zeitung:* »Charly Graf: Vom Gefängnis in den Ring!«

7.3.1985: Niklas Frank, *Stern:* »Mehr sein als ein linker Haken«

1985: Helmut Ortner, *Penthouse:* »Der Champ«

11.3.1985: Ulla Holthoff, *Die Welt:* »Mit einem Bein steckt er wieder im Sumpf.«

28.10.1992: Freddy Schissler, *die tageszeitung:* »Cassius Clay von Mannheim«

24.12.1992: Freddy Schissler, *Kölner Stadt-Anzeiger:* »Charly Graf träumt vom Titelkampf gegen den eigenen Sohn.«

1.3.1996: Wilhelm Rauch, *Kölner Stadt-Anzeiger:* »Er muß aus Mannheim raus – sonst sackt er ab.«

8.3.1996: Robert Balázs, *Frankfurter Rundschau:* »Für den Junior soll der Vater nur teilweise Vorbild sein.«

17.11.2001: Uwe Betker, *Süddeutsche Zeitung:* »Der Mann, der aussah wie eine Millionen Dollar«

27.2.2004: Hartmut Scherzer, *Frankfurter Allgemeine Zeitung:* »Schulfach Faustkampf – Lebenshilfe mit Boxhandschuhen«

7.3.2005: Hartmut Scherzer, *Kicker:* »Sein größter Kampf«

2007: Anonymus, *Druffschigger – Sonderausgabe,* o. J.: »Der Ali vum Waldhof«

12.04.2008: Jochen Hieber, *Frankfurter Allgemeine Zeitung:* »Hinter der Rolex lauert das Nichts.«